dtv

Warum sammelt man Bücher? Die Motive sind vielfältig, Hingabe aber ist immer dabei. Oft steht der passionierte Leser am Anfang, der seine Fundstücke um sich haben will. Auch das Vergnügen am schönen Buch, am alten Buch, an der Rarität verführt zum Sammeln. Klaus Walther erzählt von der lebenslangen Passion, Bücher zu lesen und zu besitzen, von Antiquaren und Auktionen, von großen Sammlern und ihren Schätzen, von der Jagd nach Büchern, von der Sehnsucht nach einer unerhörten Entdeckung. Und von der ewigen Frage des Liebhabers: Wo finde ich noch einen Platz für meine Bücher? Eine vergnügliche Reise durch die Welt der Bibliophilie.

*Klaus Walther*, geboren 1937, war zehn Jahre zwischen 1991 und 2001 Leiter des Buchprogramms der Freien Presse Chemnitz. Heute arbeitet er als Verlagsberater, Autor, Herausgeber und Literaturkritiker. Er veröffentlichte u. a. über Charles Sealsfield, Erwin Strittmatter und in der Reihe dtv portrait Bände über ›Karl May‹ und ›Hermann Hesse‹. Klaus Walther lebt in Zwönitz im Erzgebirge.

*Kleine Philosophie der Passionen*

# Bücher sammeln

*Von Klaus Walther*

Deutscher Taschenbuch Verlag

Von Klaus Walther sind in der Reihe dtv portrait erschienen:
Karl May (31056)
Hermann Hesse (31062)

Originalausgabe
November 2004
2. Auflage Januar 2005

www.dtv.de

Umschlagkonzept: Balk & Brumshagen
Gesamtherstellung: Druckerei C. H. Beck, Nördlingen
Gedruckt auf säurefreiem, chlorfrei gebleichtem Papier
Printed in Germany · ISBN 3-423-34142-4

*Inhalt*

Ob ich Biblio – was bin?
Phile? »Freund von Büchern«, meinen Sie?
Ach, und ob ich das bin!
Ha! und wie!

Joachim Ringelnatz

# *Der Büchersammler*

Bücher sammeln, das ist ein Thema mit vielen Variationen. Verbrechen und Mord, Armut und Hingabe verknüpfen sich mit den Wegen von Büchersammlern. Es gibt viele Geschichten von großen Bibliophilen. Als der englische Bibliomane Sir Thomas Phillipps 1872 starb, hinterließ er eine der größten Sammlungen, die jemals auf diesem Feld zusammengebracht worden waren. Zehn Jahre zuvor, als er seine Schätze von dem Landsitz Middle Hill ins Thirlestaine House nach Cheltenham bringen ließ, brauchte es dazu hundertdrei Fuhren, gezogen von zweihundertdreißig Pferden, begleitet von hundertsechzig Mann, wie der Psychoanalytiker Werner Muensterberger in seiner interessanten Geschichte des Sammelns mitteilt. Am Ende seines Lebens soll Phillipps sechzigtausend Handschriften und fünfzigtausend Bücher besessen haben. Aber die Zahlen sind nur Vermutungen, das Buchimperium dürfte wohl noch größer gewesen sein. Der Leiter der Handschriftenabteilung des Britischen Museums, der ihn eines Tages besuchte, berichtet sehr anschaulich von dem Chaos, das sich ihm in Middle Hill bot: »Jeder Raum ist mit Massen von Papieren, Manuskripten, Büchern, Privilegienbriefen, Verpackungen & anderen Sachen angefüllt, die einem in Haufen vor den Füßen herumliegen ... Ich fragte ihn, weshalb er nicht die Papier- und sonstigen Stöße vom Fußboden wegräume, damit ein Gehweg freigehalten werden könne, aber er lachte nur und sagte, ich sei nicht daran gewöhnt wie er.« Frau und Kinder des Buchmagnaten lebten in Armut und Dreck, seine Rechnungen zahlte er nicht mehr. Aber er kaufte ganze Sammlungen, dazu die Lager von Altpapierhändlern: Er konnte es nicht ertragen, dass irgendwer Bücher verkaufte, die ihm nicht gehören sollten. Nur mehr Bücher, nur mehr Sammlungen anzuhäufen, das war der Sinn dieses Lebens.

Freilich, dies ist die Zuspitzung jener »unbändigen Leidenschaft«, wie Muensterberger das Sammeln nennt. Der einzelne Gegenstand, das einzelne Buch wurden uninteressant, der ursprüngliche Antrieb des Sammelns war längst vergessen. Er sammelte, weil ihn das Sammeln wie eine Krankheit gepackt hatte. Nur die Masse, die Menge wird gesucht. Und: Kein anderer Sammler darf ihm zuvorkommen. Was sich hier ins Pathologische bewegt, es hat für den Sammler generell eine Bedeutung. Viele Büchersammler sind nicht zuerst Leser, wie man denken könnte, sondern sie suchen den Gegenstand Buch. Der Besitz von Dingen ist wichtig und das Sammeln solcher Gegenstände »kann eine unter vielen Lösungsmöglichkeiten sein, um mit Gefühlen umzugehen, in denen alte Traumatisierungen und Unsicherheiten nachklingen«. Sicherlich haben Kindheitserfahrungen damit zu tun, dass jemand zum Sammler wird. Der Mangel, die Verletzung, der Verlust, sie werden eben auf diese Weise aufzuarbeiten versucht.

Bedenke ich die frühen Motivationen meines Sammlerlebens, so war es wohl auch eine besondere Form des Mangels, die mich zum Sammler werden ließ. Ich begann am Ende des Zweiten Weltkriegs mein Leserleben, aber es gab zu wenig Bücher für mich: In der eigenen Familie nur ein paar Dutzend Bände, in der kleinen Dorfbibliothek ein Sammelsurium, das ich bald nach Lesbarem durchforstet hatte. Wo bekam ich Bücher her? Aus dem Mangel wuchs das Vergnügen, Bücher zu besitzen. So hat es wohl bei mir angefangen. Aber es gibt ganz andere Motive, eine gesuchte Verwandlung in ein anderes Leben vielleicht? Ob Sammler glückliche Menschen sind, wie es Goethe einmal äußerte, man kann dies unter solchen Gesichtspunkten als allgemeine Weisheit bezweifeln. Oftmals führt die Obsession in die Depression, in Krisen und Katastrophen. Aber Kindheitserinnerungen sind auch freundliche Anlässe, Büchern nachzugehen. Wer Robinson in frühen Jahren gelesen hat, der kann später zum Sammler von Robinson-Ausgaben werden. Und wie der Schriftsteller Karel Čapek bemerkt, ist das Sammeln nicht nur ein Sturz in Krisen und Depressionen, seines Wissens hat sich noch kein Sammler das Leben genommen, »im Gegenteil, sie erreichen meist ein hohes Alter; wahrscheinlich ist das Sammeln eine gesunde Leidenschaft«.

Ob das so ist, wenn man lebenslang in ungelüfteten Bücherzimmern sitzt? Trotz mancher Versuche: Es gibt keine allgemeingültige Psychologie des Sammlers, wenn man sich nicht damit zufrieden gibt, dass Verluste oder eben auch Glücksgefühle aus Kindheitstagen zum Anhäufen von Dingen führen. Es gibt, wie gesagt, viele sehr unterschiedliche Geschichten von Sammlern, nicht nur das Schicksal des Mr. Phillipps, die das beweisen. Und freilich gibt es auch etliche Variationen solchen Trieblebens: Nicht jeder Sammler wird zum Verbrecher, zum Mörder gar wie jener Leipziger Pfarrer Tinius, von dem noch die Rede sein wird. Nicht jeder Sammler hortet riesige Bücherberge. Das Sammeln von Kunstwerken und damit auch von Büchern ist ein Teil kultureller Aktivität. Der allgemeine Verlust an Kultur in der Gesellschaft führt dazu, dass sich eine Gegenbewegung entwickelt, die auf Bewahrung aus ist. Der individuelle Sammler ist ein

Bewahrer angesichts des allgemeinen Verlusts. Der große Schweizer Sammler Martin Bodmer, dessen Bibliotheca Bodmeriana zu den schönsten Sammlungen der Weltliteratur gehört, die im 20. Jahrhundert entstanden, er ist nicht nur der gebildete Weltmann, sondern der Bewahrer, der den Schätzen des Buches ein eigenes Refugium geschaffen hat. Der Sammler ist ja zumeist kein Systematiker. Er sammelt nicht wie die großen öffentlichen Bibliotheken nach regionalen oder fachlichen Gesichtspunkten. Seine ganz persönlichen und manchmal auch sehr seltsamen Interessen sind der Ausgangs- und Endpunkt des Sammelns. Bodmer hat seine Bibliothek der Weltliteratur um ein Fünfgestirn geordnet: Homer, Bibel, Dante, Shakespeare und Goethe. Das ist freilich eine sehr abendländisch orientierte Vorstellung von Weltliteratur. Aber Bodmer war ein Privatmann, kein Literaturwissenschaftler.

Selbstverständlich kann das Sammeln von Büchern zur Organisation von wissenschaftlicher oder künstlerischer Arbeit gehören oder es gehörte dazu. Die Gelehrtenbibliothek des 19. und 20. Jahrhunderts ist wohl mittlerweile im Aussterben begriffen. Die Speicherkapazitäten des Computers haben vielfach diese Aufgabe übernommen. Aber natürlich bestätigt auch hier die Ausnahme die Regel.

Wilhelm Ostwald, der erste deutsche Nobelpreisträger für Chemie, ließ einst in Großbothen bei Leipzig die Fundamente seines Landsitzes verstärken, damit er seine Bibliothek dort unterbringen konnte. Die vierzigtausend Bände hätten ansonsten das Gebäude den Hang hinuntergezogen. Ostwald war ganz sicher kein Bibliomane oder gar ein Bibliophiler, er war ein leidenschaftlicher Organisator wissenschaftlicher Arbeit. Dass er seine Büchermassen um sich hortete, verzeichnete er unter dem Lebensbegriff »Energieeinsparung«, die er bis in komische Details betrieb. So musste auf dem Esstisch immer eine jener drehbaren Etageren stehen, damit sich jeder Tischgast wortlos die Butter oder den Käse heranholen konnte. Das Tischgespräch wurde nicht durch so profane Einwürfe wie »Geben Sie mir doch bitte die Butter« unterbrochen. Man sparte damit Energie, wie Ostwald meinte. Nun ja, so weit kann man es mit Energieeinsparung treiben.

Aber wir schweifen ab, auch das ist ein Teil sammlerischen Lebens: Wer Bücher sammelt, der sammelt oft genug aus benachbarten Bereichen. Bücher und Grafik, sie haben eine gewisse Nähe zueinander. Wer das illustrierte Buch liebt, der interessiert sich auch für andere grafische Blätter. Wer die von Josef Hegenbarth oder von Gunter Böhmer illustrierten Bücher in seine Bibliothek bringt, der wird nicht an weiteren Arbeiten dieser Künstler vorübergehen. Ein exklusives »Nebengebiet« ist das Künstlerbuch, das Malerbuch. Paul Raabe, langjähriger Direktor der Wolfenbütteler Bibliothek, erzählt, wie sein Vorgänger Erhart Kästner begonnen hat, die alte berühmte Bibliothek mit ihren Schätzen vor allem auch aus dem Barock mit Malerbüchern zu einer neuen »schönen Bibliothek« werden zu lassen. Kästner begann das große illustrierte Buch des 20. Jahrhunderts zu sammeln, Malerbücher von Picasso und Braque, von Chagall und Miró und vielen anderen. Auch wir Privatsammler haben manchmal Gelegenheit, eines dieser Stücke zu erwerben.

Eine besondere Form der Kleingrafik, die eng mit der Büchersammlung verbunden ist, hat mittlerweile eigene Sammler, eigene Sammlungen: das Exlibris, das Bucheignerzeichen. Sammler lassen sich von Grafikern für ihre Sammlung ein Exlibris anfertigen. Auf Schloss Burgk im Thüringischen hatte Lothar Lang eine der größten deutschen Exlibris-Sammlungen zusammengebracht. Der Leipziger Holzschneider Karl-Georg Hirsch fertigte mir für meine Bibliothek ein Exlibris. Aber ich bekam nur hundert Stück direkt vom Holzstock abgezogen. Es sind sehr schöne, kleine grafische Blätter, allesamt signiert, doch leider viel zu wenig, um sie in meine Bücher als Eigentumszeichen einzukleben. Ich hätte sie müssen nachdrucken lassen. Deshalb nutze ich einen Prägestempel, der mir zuerst in einer amerikanischen Bibliothek aufgefallen war. Ich ließ mir dann in Princeton einen solchen Stempel anfertigen. Es gibt ihn mittlerweile heute auch aus deutschen Werkstätten. Die Nachbesitzer meiner Bibliothek werden rätseln, weshalb denn da steht »Library of Klaus Walther« – und sie werden nicht wissen, dass dieser Prägestempel eben damals nur in den Vereinigten Staaten hergestellt wurde.

Das Sammeln, das Sammeln. Sammler kommen aus allen sozialen Schichten. Der Herzog von Devonshire, der jetzige elfte Duke, ist ein Sammler. Es gibt ein hübsches Foto: Da sieht man ihn auf dem Sofa liegen umgeben von Bücherwänden, daneben auf einem Ständer die ›Financial Times‹. Die braucht man als Sammler, wenn man sich in hochpreisigen Gebieten bewegt.

Keith Richards ist ein Büchersammler. Der Gitarrist und Sänger der Rolling Stones hat in seinem Haus in Connecticut eine Bibliothek mit den großen Romanen des 19. und 20. Jahrhunderts. So könnte man die Aufzählung der Büchersammler fortsetzen. Ich kenne einen Postbeamten, der Bücher über Briefmarken sammelt, ein verständliches Sammelgebiet, und einen Gerbermeister, den alles über alte Handwerksbräuche interessiert. Einer meiner Freunde hat auf dem Dachboden seine große Sammlung von Reclam-Bänden untergebracht.

Übrigens, dort wo man vielleicht die meisten Sammlungen vermutet, in den Wohnungen und Häusern von Schriftstellern, da gibt es oft nur kleine Bücherregale. Freilich, es gibt einige Gegenbeispiele, die Bibliothek Peter Härtlings, der ja immer ein Entdecker von ›Vergessenen Büchern‹ ist, wie er einst eine unvergessene Kolumne in der ›Welt‹ nannte, nach der natürlich auch ein gleichnamiges Buch entstand. Oder Walter Kempowski, der in seinem Haus »Kreienhoop« nicht nur Tausende von Büchern versammelt hat, sondern Dokumente, Bilder, Videos – seine Chronik-Bände sind ohne solche »Sammelwut« nicht denkbar. Und die verstorbenen Kollegen? Kürzlich besichtigte ich die Bibliothek von Walter Scott in Abbotsford; Hermann Hesses Bibliothek, die leider nun an verschiedene Standorte (Marbach und Bern) gekommen ist, kann man sich besser anhand seiner vielen Buchbesprechungen und Notizen über Bücher vorstellen. Mancher Autor hat mir aber gestanden, dass die Anwesenheit von zu viel bedeutenden und großen Kollegen in Buchform der eigenen Arbeit nicht sehr förderlich ist. Siegfried Unseld, der 2002 verstorbene Suhrkamp-Verleger, hatte auch in seinem Privathaus die gesamte Produktion des eigenen Verlages in einem feuerfesten Tresor im Keller. »Man kann nie wissen«, meinte er lächelnd, als er mir die Reihen zeigte. Und dann wies er auf seine anderen Bücherregale. Da hatte er etliche mit Türen versehen lassen. Es gab unter den Besuchern der Empfänge, die er hier veranstaltete, auch Liebhaber seiner seltenen Bücher, die sie mitnahmen ohne zu fragen.

Ernst Rowohlt, den legendären Verleger, fragte ich einmal bei seinem Besuch der Leipziger Buchmesse, ob man denn auch Bücher von seinem Messestand stehle. Und Rowohlt lachte und meinte: »Jeder Verleger ist stolz darauf, wenn seine Bücher gestohlen werden.« Nun, ich denke, er wird noch glücklicher sein, wenn seine Bücher verkauft werden.

Habe ich Reiner Speck genannt, auf dessen Klingelschild

in Köln »Dr. Jekyll und Mr. Hyde« zu lesen ist, was den Besucher zunächst verwirrt, aber der Mann ist tagsüber ein bedeutender Urologe und in seiner Freizeit ein großer Kunstsammler und ein Sammler von Büchern von und über Marcel Proust, Mitbegründer der deutschen Proustgesellschaft. Da ist das Klingelschild ein hübscher Spaß. Kürzlich konnte man in Köln Specks wertvolle Petrarca-Sammlung sehen. Übrigens, Sammeln bedeutet nicht, sich in die Einsamkeit zurückzuziehen. Es gibt etliche bibliophile Vereinigungen in Deutschland und der Schweiz. Man trifft sich einmal jährlich zur Besichtigung von Bücher-Revieren, also berühmten Bibliotheken, in einer bestimmten Gegend, und vor allem tauscht man Nachrichten über das Sammlerleben aus. Und die meisten Sammler lieben es auch, andere Sammlerfreunde in ihren Gehäusen zu empfangen. Ist das Sammeln zunächst ein sehr egoistisches Unternehmen, denn man gönnt ja bestimmte Bücher vor allem sich selbst, so sind viele Sammler durchaus gesellige Wesen, die ihre Schätze gern vorweisen. Auch dieses Buch ist ja ein Beispiel für solche freundliche Kommunikation: Ich vergnüge mich dabei, meine Buch-Vergnügungen vorzuführen.

# *Haben Sie das alles gelesen?*

Jeder Büchersammler kennt diesen Ausruf von Leuten, die zum ersten Mal sein Bibliothekszimmer betreten und die gefüllten Regalwände bestaunen: »Haben Sie das alles gelesen?« Als ob es darauf ankäme, dass man all diese Bücher, die hier stehen, gelesen hat. Nein, man will sie irgendwann lesen. Man hat sie, damit man in einer bestimmten Stunde einfach an das Regal treten kann, das Buch herauszieht und zu lesen beginnt. Montaigne meinte einmal von seiner nicht kleinen Sammlung von Büchern: »Ich kann nicht sagen, wie sehr mich der Gedanke beruhigt und befriedigt, dass sie in Bereitschaft stehen, mir Vergnügen zu machen, sobald ich es begehre.«

Auch ich habe so manchen Band in meiner Bibliothek, den ich noch nicht gelesen habe, und ich kann mir ausrechnen, dass manches Buch wohl überhaupt nie von mir gelesen wird. Man kennt das Exempel: Bei einer wöchentlichen Lektüre von zwei Büchern liest man im Jahr ca. hundert Bände, das sind in einem langen Leserleben vier- oder fünftausend Bücher. Doch bei mir stehen in den verschiedenen Bibliotheksräumen rund zwanzigtausend Bände. Und trotzdem kauft man weiter, denn es kann ja sein, dass man gerade dieses Buch brauchen wird, dass es einem unersetzlich wird, dieses eine unter Tausenden.

Ich gehöre zu den Bibliophilen, die Bücher nur ungern verleihen. Man mag das durchaus als eine ziemlich egoistische Charaktereigenschaft bewerten. Soll ich meine Bücher verstreuen wie die Brosamen unter die Hungrigen? Ich weiß, solch eine Haltung wäre erstrebenswert, lobenswert. Bei ein paar guten Freunden mache ich gelegentlich eine Ausnahme, doch im Grunde meines Herzens wäre ich froh, wenn niemand auf die Idee käme, den Wunsch nach einem Buch auszusprechen. Andererseits: Ich durchforste Antiquariate und Brockenhäuser, Auktionen und Nachlassanzeigen, um Freunden und Bekannten Bücher zu beschaffen, die sie gern haben möchten. Was nicht in meine Regale kommt, ich sehe es gern in den Regalen meiner Bücherfreunde. Aber Bücher verleihen? Ich habe ja manchen Ärger damit gehabt, da zähle ich nicht jene Rückgaben, die neben dem Buch eine grafische Ansicht der Essgewohnheiten des Entleihers mitbrachten, nicht jene Bücher, die vermutlich dem Kleinkind als Malbuch gedient hatten. Nein, noch schlimmer ist es, dass sich Entleiher Zeit ließen. Ich kann den Verdacht nicht loswerden, manche Leute entliehen die Bücher aus meiner Bibliothek nur, um sie in ein Fach ihrer Bibliothek unter der Rubrik »Entliehene Bücher« einzustellen. Ich musste mahnen, bitten, drohen, bis ich endlich mein Buch zurückbekam, und das geschah oft mit einem Blick, der verhieß: Du elender Geizkragen, hast du nicht noch genug? So gingen Freundschaften in die Brüche, weil ich nicht gerne Bücher verleihe. Ein paar der verborgten Bücher habe ich nie wieder gesehen. Da war anscheinend mein Vertrauen in die Ehrlichkeit des Entleihers zu groß, er wurde nicht notiert. Ich vergaß das Buch, vergaß, dass ich es verliehen hatte, bis ich es eines Tages brauchte. Ich fand es nicht, erinnerte mich nur, dass es verliehen worden war, aber an wen? Schlaflose Nächte, nagende Zweifel an der Ehrlichkeit meiner Nächsten, muss man sich das einhandeln?

Nun, so stehen also die nicht verborgten Bücher in meinen Regalen, und mittlerweile sind es drei größere Räume, die zu dieser Bücherwelt gehören. Wie hat das eigentlich begonnen? Bei mir wohl doch mit der Lust am Lesen. Es gibt Bibliomane, die füllen Raum um Raum, Regal um Regal mit Büchern, ohne je ein Buch zu lesen. Wir kennen Geschichten dieser Spezies aus vergangenen Zeiten. Da gab es jenen schon benannten Pfarrer Johann Georg Tinius (1764–1846) in Leipzig, der raubte und mordete, um Bücher bezahlen zu können. Gut achtzehntausend Bände hat der Bibliomane zusammengebracht, mit zehn Jahren Zuchthaus büßte er seinen Bücherwahn. Nicht ganz so schlimm trieb es Graf Libri, ein Professor der Mathematik in Pisa. Hier hatte man den Bock zum Gärtner gemacht. Er wurde nämlich 1841 in die Kommission für die Inventarisierung der Handschriften Frankreichs berufen, und natürlich inventarisierte er etliche Handschriften und Bücher in seine Bibliothek, bis man ihm auf die Spur kam. Rudolf Adolph erzählt in seinem Buch ›Liebhabereien mit Büchern‹, wie mit Handschriften aus dem Besitz von Libri ein Tausch zustande kam, der die berühmte Manessische Liederhandschrift wieder nach Deutschland brachte. 1571 kam sie in Fuggerschen Besitz, von wo sie 1657 an die Königliche Bibliothek in Paris verkauft wurde. Der Straßburger Buchhändler Karl Ignaz Trübner machte der Pariser Nationalbibliothek, wo sich die Handschrift befand, den Vorschlag, dreiundzwanzig von Graf Libri gestohlene französische Handschriften zu vermitteln. Rund vierhunderttausend Goldmark bewilligte schließlich Bismarck für die Rückführung, und damit kam die wunderbare Handschrift nach Heidelberg. Übrigens, wer ihre Schönheit genießen will, der muss nicht nach Heidelberg reisen, mittlerweile gibt es etliche gute und etliche weniger gute Faksimiledrucke.

Immer wieder liest man auch heute von Bücherdiebstählen. Der Amerikaner Stephen C. Blumberg stahl in den achtziger Jahren aus mehr als dreihundert amerikanischen Bibliotheken und Archiven rund einundzwanzigtausend Bücher und Handschriften, geschätzter Wert: zwanzig Millionen Dollar. Er gab als Grund an, dass diese Sachen den Besitzern sowieso gleichgültig gewesen seien. Das mag sogar richtig sein, aber es rechtfertigt wohl nicht den Diebstahl. Vielleicht beginnt der Zusammenhang zwischen Buch und Verbrechen schon bei der manischen Sammelei der Bibliophilen, die, wenn es möglich wäre, alle Räume ihres Hauses mit Büchern besetzten. Prof. Jürgen Kuczynski, einen großen Büchersammler, fragte ich einmal, da er immerhin eine Bibliothek von mehr als siebzigtausend Bänden sein Eigen nannte, ob er denn in seinem Haus noch Platz für Bücher habe. Seine Antwort: »Platz für Bücher immer, aber ich weiß nicht, ob ich es meiner Frau zumuten darf, ihr Bett in den Heizungskeller zu stellen.« Platz für Bücher, das ist auch ein ziemlich dominantes Thema meiner Ehe, mit unterschiedlichen Stellungnahmen von meiner Frau und mir. Ich finde überall noch ein Plätzchen für Bücher, man beachte den Diminutiv, auf dem Klavier, über dem Bett. Übrigens, über meinem Bett habe ich einen Teil meiner Kriminalromansammlung, vielleicht siebenhundert Bände. Sollte das Regal einmal aus der Halterung gerissen werden, so werde ich begraben sein unter Tausenden literarischer Leichen. Meine Frau weiß um meine Begehrlichkeiten, und sie wehrt sich energisch: »Hierher kommen keine Bücher!« Das Ausrufezeichen ist nur ein sehr milder bildlicher Ausdruck ihres Blickes, ihres Tonfalls. Ich weiß dann, ich bin zu weit gegangen, und begebe mich in Rückzugsgefechte. In ihnen heißt es: Nur vorläufig, nur für eine gewisse Zeit. Doch ihr Blick verändert sich nicht. Er steht wie ein Rohrstöckchen im Raum. Da hisse ich dann die weiße Fahne der Kapitulation, um in geeigneter Situation erneut vorzupreschen: Dorthin könnte man ruhig noch ein paar Bücher stellen. Die Niederlagen sind mir übrigens bewusster als die Siege, obwohl ich zugeben muss, dass ich in diesem Geschlechterkampf manchen Sieg erfochten oder herbeigeredet habe. Aber Spaß beiseite, wir sehen es wohl beide nicht als Geschlechterkampf. Manche Leute sagen, wenn sie meine Büchersammlung sehen: »Ach, ich hätte ja auch gerne so viel Bücher, aber der Platz, der Platz, ich habe keinen Platz in meiner Wohnung.« Ich schaue mir die Leute an: Sind sie Diogenes, der in der Tonne wohnte, dann will ich ihnen glauben, aber sie sind zumeist nicht Diogenes. Sie haben an ihren Zimmerwänden geknüpfte Teppiche und handgestickte Bildchen. Sage mir, wo du deine Teppiche hast, und ich sage dir, wer du bist. Zeige mir deine Büchersammlung, und ich brauche deine Personalakte nicht.

Eine alte und unterschiedlich beantwortete Frage ist die Form der Unterbringung größerer Sammlungen. Und auch die Frage der Ordnung dieser Bestände. Rechtsanwalt Joachim Kersten, ein Hamburger Büchersammler, meint: »Mein Prinzip, die Literatur nach den Geburtsdaten der Autoren chronologisch zu stellen, ist zwar das sinn-, aber auch das mühevollste. Auf der letzten Innenseite des jeweils ersten Bandes werden Geburts- und Todestag eingetragen.« Sicherlich, so kann man es machen, aber kommen nun neben Goethe all die Kommentatoren von Goethe oder werden sie den Geburtsdaten zugeordnet? Der berühmte Bibliophile Carl Georg von Maaßen (1880–1940), der seine Sammlung der Münchner Universitätsbibliothek vermachte, hatte ein anderes Prinzip, er zeigte in einem Bibliotheksraum nur die schönen Ausgaben seiner Lieblinge. Und er schrieb dazu:

»Aber das ist, offen gesagt, nur Schein, nur schöne Täuschung. Der Besucher weiß nichts von jener Kammer, die sich an das große Bibliothekszimmer anschließt, wo in der Hauptsache eine gewisse Fachliteratur, die dem Literarhistoriker für die Durchforstung schöngeistiger Werke notwendig geworden ist, Aufstellung gefunden hat.« Übrigens, ein junger Bibliophile hat seinen kleinen Verlag mit einer opulenten Ausgabe eines annotierten Katalogs der Sammlung Maaßen begonnen, Maaßen würde es mit Vergnügen sehen.

Ich selbst habe meine Prinzipien mehrfach verändert. Nun gibt es eine Mischung aus alten Systemen und neuen Überlegungen: Die Belletristik ist nach den Ländern geordnet, aus denen die Autoren stammen, und innerhalb der Ländersammlung stelle ich die Bücher nach dem Autorenalphabet auf. Manchmal kann man da in Schwierigkeiten geraten: Gehört nun Joseph Conrad zu Polen oder zu England? Natürlich zu England, denn dort wurde er zum Schriftsteller, und er schrieb seine Bücher auch in Englisch. Doch was wäre ein Prinzip, wenn es nicht die Ausnahme von der Regel gäbe? In unseren Wohnräumen gibt es sozusagen noch eine Miniaturausgabe meiner ganzen Bibliothek. Hier stehen die Lieblingsautoren, eine ganze Wand Hesse und ein paar Regalfächer Fontane. Und dann finden sich hier die Bücher, die ich immer brauche, den ›Rat für jeden Gartentag‹ ebenso wie etliche Lexika. Natürlich habe ich Spezialsammlungen, die bekommen ihre besonderen Plätze. Übrigens fiel mir kürzlich ein opulenter Bildband in die Hände, der zum Büchersammeln animieren sollte. Das Beste daran waren die Bilder von Bibliotheken, die freilich mit solcherart Weisheiten versehen waren: »Ordentliche Regale spiegeln geordnetes Denken wider« oder »Ihre Bildbände sollten Sie im Wohnzimmer unterbringen, damit Besucher darin blättern können, ohne den

Faden des Gesprächs zu verlieren«. Nun, wer solches Geschwätz von sich gibt, ist weder Büchersammler noch Bücherleser.

Aber es bleibt die Frage, wo man denn seine Bücher unterbringt? Hinter Glas oder im offenen Regal? Beide Lösungen haben etwas für sich. Das offene Regal mit den bunten Bücherrücken wirkt einladender, freundlicher, während die Glasvitrine einen gewissen Abstand herstellt, andererseits schützt sie wertvolle Bücher vor Staub. Staub ist freilich ein immer anwesender Geselle. Bei größeren Sammlungen wird man beide Möglichkeiten nutzen. Ich habe eine wertvolle Reihensammlung hinter Glas, dagegen steht der Großteil meiner Bibliothek in Regalen einer Serie, die auch Alt-Bundeskanzler Helmut Schmidt für seine Bibliothek wählte und die ein schwedisches Möbelhaus mit viel Erfolg schon seit Jahren vertreibt. Gelegentlich gibt es dekorative Elemente, die eine Unterbringung beeinflussen. Eine Reihe meiner schönen alten Lederbände aus vergangenen Jahrhunderten habe ich in einem Regal deponiert, in dem sich altes Zinn und Kupfer findet, meine kleine Sammlung von Bildertassen und manch anderer Kram. So gibt es viele Möglichkeiten, und sie haben wohl allesamt ihre Berechtigung.

Ich kannte einen Bibliothekar, der maß seine Bücherei, seine private Sammlung nach Meter und Zentimeter. Er sagte wirklich: »Ich habe zwei Meter Biografien und einen Meter fünfzig Goethe.« Und so sah diese Bücherei auch aus: Akkurat schnitten die Bucheinbände mit dem Regalbrett ab. Die langen Kerls ganz oben, alles preußische Soldaten, die hier vergeblich auf einen Einsatz warteten. Gelesen wurden diese Bücher nie. Sie waren Meter und Zentimeter, sie waren Quantität, die niemals in Qualität umschlug.

# *In Jüngers Bibliothek*

Ach, es begann ein wenig seltsam. Mein Besuch war gewünscht und angekündigt, obwohl der Meister ansonsten wenig Lust hatte, Neugierige zu empfangen. Aber ein Neugieriger war ich wohl nicht nur. Ich hatte bei Gelegenheit seines 100. Geburtstages in einem Essay auf die Jahre aufmerksam gemacht, die er vor langer Zeit im erzgebirgischen Schwarzenberg verbrachte. Dort lernte er Schreiben und Lesen, eine Station, die in Besichtigungen seines Lebens oft vergessen worden war. Und da es ihn freute, dass jemand dieses Vergessen lüftete, lud er mich ein.

Also die Stufen hinauf zum Eingang an der Alten Oberförsterei in Wilflingen, Klingel. Nach einer Weile öffnete sich die Tür. Eine alte Dame: »Bitte?« Wir bringen unser Begehr vor. »Nein«, sagt sie, »Ihr Besuch ist nicht angemeldet.« Da stehen wir nun, nennen nochmals unseren Namen und ernten ein weiteres Kopfschütteln. Und beinahe schon schließt sich die Tür. Da sage ich, dass ich über Jüngers Schwarzenberger Kindheit geschrieben habe, und nun hellt sich das Gesicht auf, Frau Jünger öffnet die Tür. Wir sind willkommen.

Dieses Haus war eine Bibliothek, die Bibliothek war das Haus. An den Treppenaufgängen kletterten die Bücherregale, sie nisteten in allen Räumen. Seit Ernst Jünger im Frühling 1951 aus dem gegenüberliegenden Stauffenberg'schen Schloss in die Alte Oberförsterei in Wilflingen gezogen war, hatte sich Raum um Raum mit Büchern gefüllt. Schon 1975 notierte er im Tagebuch: »Bestückung der neuen Bibliothek, deren Regale ich während der Reise aufrichten ließ. Der helle Raum riecht gut nach Apfeläther und frisch geschnittenem Holz. Es ist die siebte Büchersammlung im Haus.« Mittlerweile war ein »Ausweichlager«, wie er es nannte, in einem Bauernhaus des Dorfes hinzugekommen. Dort stand, was nicht täglich verfügbar sein musste. Ob die Zahl der Bücher fünfzehntausend oder zwanzigtausend betrug – er wusste es nicht genau. Ernst Jünger war ein großer Leser und als Leser ein Büchersammler, ein Bibliophile, man kennt es aus manchen Aufsätzen und Tagebuchnotizen. Seine Lebenswege waren auch Lesewege. Die eigenen Werke sind nicht denkbar ohne die Anregungen aus der Lektüre. Zufällige Lesefrüchte erfahren oft geheime Verwandlungen und kommen so in die Gedankenwelt des Werkes. Ein Beispiel nur für die Entdeckungen und Verzweigungen des Lesens: »Beendet Band 13 der neuen Nietzsche-Ausgabe von Colli und Montinari, der die Nachgelassenen Fragmente vom November 1887 bis zum Januar 1889 enthält. Da ich vom Schluß anfange, steht mir also noch eine beträchtliche Strecke bevor. Ich las von 10 Uhr bis Mitternacht zwei Abschnitte, in die ich ein Kapitel aus dem ›Raskolnikow‹ einfaßte. Die Bewegung des Lesers in einem solchen Werk bleibt fragmentarisch – das ist kein absoluter Mangel, denn es regt zur Mitarbeit an. Die Maxime lädt dazu ein. Wir betreten eine Wetterstation. Weit voneinander entfernte Maxima und Minima werden zwar empfunden, doch da die Leitungen weithin unterbrochen sind, muß sich der Leser die Lage privatim abstimmen. Das hängt sowohl von seiner Sensibilität wie von seiner Kapazität ab; es ist oft und von verschiedenen Standpunkten versucht worden, nicht zuletzt von Nietzsche selbst.«

Die Lesewege Jüngers werden hier sichtbar. Das Gelesene realisiert sich zwischen scheinbar entfernten Punkten, die die eigene Gedankenwelt berühren, kritisch befragen oder bestärken. Freilich, auch seine Bücherwege werden erkennbar. Was er lesen will, hat er im Haus. So beginnt etwa das Tagebuchwerk ›Gärten und Straßen‹ mit dem Erinnern eines ganz anderen Tagebuches, der Geschichte jener sieben Matrosen, die 1633 auf der kleinen Insel des heiligen Mauritius im nördlichen Eismeer überwinterten. Jünger setzt die Geschichte nicht nur in einen historischen Bezug, sondern in einen Zusammenhang der Phänomene: Es entwickeln sich gleichzeitig Nähe und Distanz, die einzelne Wahrnehmung wird mit dem Ganzen verbunden. Die scheinbare Abschweifung, die Arabeske, die aus der Literatur kommt, sie führt ins Zentrum des Werkes. Die Entwicklung dieser Methode ist in Jüngers Werk zu verfolgen. Im literarischen Erstling, den ›Stahlgewittern‹, gibt es nur einen Hinweis auf ein Buch. Hier ist es der ›Tristram Shandy‹ von Sterne, der im Schützengraben gelesen wird. In den folgenden Tagebüchern nimmt nicht nur die Zahl der Lektüreeintragungen zu, sie werden zum untrennbaren Teil des Werkes, sie befestigen den Standort des Beobachters.

Jüngers Bibliothek ist im Laufe des hundertjährigen Lebens gewachsen. Sie hat mancherlei Umzüge überstanden. Damals nun, 1996, als ich ihn besuchte, stand sie in den Räumen des Hauses, in dem er seit dem Ende des Zweiten Weltkrieges etliche Jahrzehnte lebte. Nun wird sie wohl eingepackt sein, sie sollte ja nach Marbach reisen. Schade, Jüngers Bibliothek ist nicht nur ein Gehäuse des Autors, sondern auch ein Beispiel dafür, wie Bücher einen Autor konstituieren. Damals also: Zwischen den beiden Fenstern in der Bibliothek, auf deren breiten Brettern Muscheln und Steine,

Petrefakten und Blumen ihren Platz haben, den Blick freilassend auf die alten Bäume und die weiß-blauen Fensterläden des Stauffenberg'schen Schlosses; hier steht das Regal mit den naturwissenschaftlichen Handbüchern. Linnés ›System der Natur‹ in der ersten deutschen Ausgabe, Heinroths Standardwerk ›Die Vögel Mitteleuropas‹, benachbart Hegis ›Flora von Mitteleuropa‹; Bücher also, die täglich gebraucht wurden, die er zur Hand haben wollte. Es freute ihn, dass sie dem Besucher nicht unbekannt waren. Dazu Monografien, Spezialwerke, wie das von Spix über die Schlangen Brasiliens, Führer durch die Geologie der schwäbischen Landschaft, das Handwerkzeug eines Naturforschers. Die Beobachtungen von Tier und Pflanze, das ausgiebige Gartenleben hinter dem Haus, die Beschäftigung mit den Versteinerungen auf dem Fensterbrett, all das verwandelte sich in Bilder und Zeichen, »ein Echo des Lebens aus dem Unverhofften, dem Unvermuteten«.

In diesen Umkreis gehört die Büchersammlung des Entomologen Jünger, der er ja auch war. Seine Gegner haben diese Leidenschaft des Sammelns und Beobachtens oft mit einem mitleidigen Lächeln abgetan: Die Käfersammlung als poetisches Prinzip? Man hätte freilich nur eines seiner schönsten, anmutigsten Bücher zu lesen brauchen, um den Zusammenhang zwischen ›Subtiler Jagd‹ und anderer Welterfahrung zu erkennen. Lächelnd zeigte er mir damals eine Vorzugsausgabe des Buches, das Klett-Cotta, sein Verlag, anlässlich des hundertsten Geburtstages mit Farbstiftzeichnungen von Walter Linsenmaier herausbrachte, und er wies dabei auf das Umschlagbild, das die Goldwespe »Cleptes juengeri« zeigt. Mag das Bild des Autos in den Zeiten schwanken, der Entomologe ist mit dieser Namensgebung in das Pantheon der Wissenschaft eingegangen. Auf einem Regal im Bibliotheksraum steht der Urvater der Käfersammler, Rösels ›Insekten-Belustigungen‹ von 1746, ein Werk, das ihm Freunde geschenkt haben, als Bücherjäger hat er es nicht erworben, der Preis war ihm zu hoch. Lange hatte er auch gebraucht, ehe er die im 19. Jahrhundert erscheinende Stettiner Entomologische Zeitung vollständig im Haus hatte. Erst nach dem Zweiten Weltkrieg kam er in den Besitz des seltenen ersten Jahrgangs – und dies nur mit einer List: Als er den Band samt zwölf anderen Jahrgängen als Konvolut im Katalog eines Antiquariats entdeckte, bestellte er ihn nicht telegrafisch, das hätte den Antiquar vielleicht auf den Gedanken gebracht, dass er den Preis wohl zu niedrig angesetzt hatte. Sondern er schrieb eine Postkarte und bekam das gesuchte Stück.

Jünger war ein kundiger, ein findiger Antiquariatsgänger. »Wenn man lange genug und behutsam auf ein Wild ansteht, wird man Erfolg haben. Das gilt auch für die Bücherjagd. Die Bücher kommen auf den geduldigen Liebhaber zu, wenn auch nicht die teuren, so doch die seltenen«, schreibt er in der ›Subtilen Jagd‹. So stehen neben den großen Sammlungsschränken die entomologischen Literaturseltenheiten im Flur, der ›Entomologische Kalender‹, der von 1892 bis 1939 existierte oder ›Isis. Zeitschrift für alle naturwissenschaftlichen Liebhabereien‹, die nach 1876 einige Jahrzehnte erschien, Bibliografien und Lokalfaunen, dünne Spezialdrucke und dickleibige Sammelwerke. »Lektüre für betrübte Nächte« nannte er das Stöbern in den brüchig werdenden Bänden, hier fand sich noch »Liebe, unmittelbarer Eros zu den Dingen, weder zur bloßen Meßkunst vergletschert noch zum Hobby degradiert.« Und so wurden immer wieder die Kataloge der Antiquare aufmerksam studiert, doch lakonisch bemerkte Jünger bei meinem Besuch: »Wenn ich aus den Katalogen, die täglich ins Haus kommen, schließen darf, entwickelt sich das Geschäft in der einen Richtung zum Juwelen-, in der anderen zum Schrotthandel.«

Nach dem Ersten Weltkrieg, in Berlin lebend, war er tagsüber auf Bücherjagd, nachts schrieb er. Damals entstand der Grundstock der Bibliothek. Die Regale, die er sich anschaffte, standen dann in Wilflingen als Bibliothekswand in jenem Raum, in dem er mit Freunden und Besuchern zusammensaß. Antike Autoren in zeitüberdauernden Pergamentbänden, die deutschen Klassiker des 19. Jahrhunderts, »Poe, Melville, Hölderlin, Tocqueville, Nietzsche, Rimbaud, Conrad wird man auf diesen Seiten häufig beschworen finden als Auguren der Mahlstromtiefen, in die wir abgesunken sind«, heißt es in der Einleitung zu den ›Strahlungen‹. Zu diesen Geistern gehören Kierkegaard und Leon Bloy. Hier nun stehen auch die Bücher, die er immer wieder gelesen hat, darunter die Bibel, von deren dritter Gesamtlesung er im Tagebuch berichtet. Doch er wehrt ab, als der Besucher daraus ein systematisches Lesen ableiten will.

Damals also, kurz nach dem 101. Geburtstag, lagen auf dem Nachttisch wieder einmal Dostojewski und Tolstoj, »da hat sich bei mir ein Wandel vollzogen, ich schätze jetzt Tolstoj mehr«, bemerkt er im Gespräch. Aber auch das, was der Postbote täglich an neuen Büchern ins Haus bringt, es wird geprüft und oft gelesen. Verschmitzt meint er: »Ich gucke bei manchem Buch erst mal ins Personenverzeichnis, bin ich erwähnt, kann ich es nicht gut zur Seite legen.« Auf dem Tisch im Studio lagen damals: eine Biografie Arnolt Bronnens, die Neuausgabe von Rudolf Schlichters ›Zwischenwelt‹, beide Autoren hatte er auf jenen legendären Festen des Verlegers Rowohlt in den zwanziger Jahren kennen gelernt. Da lag auch eine Biografie Erich Ludendorffs und des jüngeren Entomologenfreundes Volker Neumann neueste Publikation

›Der Heldenbock. Ein vom Aussterben bedrohtes Tier unserer Heimat‹. »Der Auszug der Tiere ist in vollem Gange«, bemerkte er gelegentlich, ein Zeichen der Katastrophe, die er registrierte. Als er Jahre zuvor im südfranzösischen Serignan Jean-Henri Fabres Sammlungen besichtigt, resümiert er: »Namen und Daten, Bücher, Titel, Gegenstände, die die Hand berührte, all das gehört zum Totendienst. Immer ist Ehrfurcht, ist auch Trauer um diese Stätten, in denen noch für eine Weile der Schatten schwebte. Bibliotheken. Den öffentlichen ist die eigene vorzuziehen. Sie erspart nicht nur Wege und Korrespondenzen, sondern sie gibt auch ein Gefühl der Sicherheit. Man wird vertrauter – ähnlich, als ob man selbst Tiere hielte und pflegte, anstatt in Zoologische Gärten zu gehen ... Nicht zu unterschätzen ist die Ausstrahlung; Bücher laden das Haus auf. Unter der Decke die gebräunten Pergamente, dann die Lederbände des 18. Jahrhunderts mit dem verblaßten Gold von Titeln, die längst vergessen sind.«

In Jüngers Bibliothek: die Bücher der Zeitgenossen und Weggefährten. Manuskripte von Heidegger, auch die Werke Carl Schmitts, den er 1927 kennen gelernt hatte und mit dem er befreundet blieb, sie standen in seinen Regalen. Und vor allem viele Widmungsexemplare französischer Autoren. Schon vor seinen Pariser Jahren lernte er André Gide, Joseph Breitbach und Julien Green kennen, ihre Bücher besaß er, wie die Werke von Colette, Jean Cocteau, Marcel Jouhandeau und Paul Léautaud, mit denen er später in Berührung kam.

»Tröstlich wie immer bleiben die Bücher als leichte, zuverlässige Schiffe für Fahrten in Zeit und Raum und darüber hinaus«, heißt es im Tagebuch. Oft sind es vergessene Autoren, Bücher vergangener Zeiten, die für andere Mitleser entdeckt und beleuchtet werden. Die Beschäftigung mit dem

Werk von Antoine Comte de Rivarol ist dafür ein Beispiel. Durch eine Arbeit des Romanisten Karl Eugen Gaß wurde Jünger 1938 auf Rivarol aufmerksam. Gaß hatte das Glück gehabt, während eines Paris-Aufenthalts in einem Antiquariat der Rue de Seine, die auch zu Jüngers bevorzugten Plätzen der Buchjagd gehörte, eine Rivarol-Ausgabe von 1808 zu entdecken, die seit langem als unauffindbar galt. Während die Bibliothek von Gaß den Bomben zum Opfer fiel, wurde der Rivarol im Luftschutzkeller gerettet. Gaß war 1944 gefallen, das Buch kam über die Witwe zu Ernst Jünger, der es für eine Rivarol-Übersetzung nutzen konnte. Und auch die zufällige Lektüre gehörte zu diesem Leserleben: »Es ist gut, in der Bibliothek ein Depot von Büchern zu haben, die man vorläufig abstellte. Greift man eines heraus, wenn man abends an den Borden entlang geht, gibt es leicht Überraschungen ...« So fällt ihm einmal ein fünfbändiges Werk in die Hände, das Geschenk eines Freundes, das schon etliche Jahre ungelesen in der Bibliothek nistete: ›F. M. Richters Reisen zu Wasser und zu Lande in den Jahren 1805 – 1817. Für die reifere Jugend zur Belehrung und zur Unterhaltung für jedermann. Dresden 1823 in der Arnoldschen Buchhandlung‹. Die Bände werden mehrere Wochen für Jünger zur bevorzugten Lektüre. Er notiert ausführlich die Leseeindrücke und benennt schließlich den Gewinn solcher zufälligen Entdeckungen: »Reisebeschreibungen wie jene Richters sind heute in doppelter Hinsicht museal. Wir begleiten den Autor nicht nur in entfernte Räume, sondern auch in deren Vergangenheit. Was Richter schon damals als wunderlich notiert, ist schon den Enkeln zum Gerücht geworden; wir müssen ihm für seine Sorgfalt dankbar sein ...«

Bücher über Land und Leute, Reisebeschreibungen, Karten, Bildbände, sie gehörten zu dieser Bibliothek Jüngers, der ja selbst bis ins hohe Alter ein Weltreisender blieb. Kein Jahr verging ohne Reisen, und natürlich waren Reisen auch wieder Gelegenheiten, Antiquariate zu durchstreifen. Da entdeckt er die Erstausgabe der ›Pucelle‹ und erwirbt für die Sammlung seiner Frau einen Musenalmanach aus dem neunzehnten Jahrhundert. Der Buchbestand von Liselotte Jünger, einer promovierten Literaturwissenschaftlerin, seiner Lektorin, dem »Stierlein« der Tagebücher, war ja Teil des Wilflinger Büchergehäuses. Sie sammelt Almanache des achtzehnten und neunzehnten Jahrhunderts, die einen ganzen Schrank füllen, dazu die Tusculum-Bücherei, die einst Ernst Heimeran in seinem Verlag begründet hatte, die ersten zweisprachigen Ausgaben antiker Klassiker in Deutschland.

Und schließlich stand ich damals im Archiv, wo die Kästen mit der Korrespondenz bis unter die Decke kletterten. Hier fanden sich auch Jüngers eigene Bücher, die seltenen, die bibliophilen Ausgaben. Das beginnt mit dem Erstling, der zum umstrittensten und erfolgreichsten Buch werden sollte. ›In Stahlgewittern‹ erschien als Privatdruck erstmals 1920. Hannover wurde als Erscheinungsort angegeben, dort war seine Garnison stationiert. Ein anderer Teil der Auflage wurde mit dem Aufkleber versehen »Verlag Robert Meier/Leisnig i.Sa.«. Hier lebte ja die Familie, der Vater hatte die Löwen-Apotheke gekauft. Und der angebliche Verleger Meier war der Gärtner des Hauses, der sich um den Vertrieb des Buches kümmerte. Auch eine in zweihundertfünfzig Exemplaren 1968 bei Klett erschienene Ausgabe von ›Auf den Marmorklippen‹ mit Radierungen von Hans Fronius gehört heute zu den gesuchten Seltenheiten der Sammler. Bevor ich gehe, komme ich nochmals ins Studio, wo die Lexika stehen, auch Grimms ›Wörterbuch‹; Sanduhren, Spazierstöcke, Zeichnungen an der Wand hängen, unter anderem von Alfred Kubin und Hanna Nagel. Auf dem langen schmalen Arbeitstisch Bücher und Blätter, Käfer, die auf ihre Bestimmung und Einordnung warten. Hier schrieb er die Seiten der Tagebücher, die Besichtigungen und Beschreibungen des durchlebten Jahrhunderts. Es war der Platz des Beobachters, des Chronisten. »Ja, das Jahrhundert, das hat Überraschungen geboten. Aber wenn ein Leben einheitlich ist, das hängt ja von dem Charakter ab, nicht wahr. Man kann also in die verschiedensten Situationen versetzt werden, aber das, was man die Lebensmelodie nennen könnte, das ist von Anfang an da und bis das Schiff versinkt, wie die Titanic, da wird genau die Melodie wiederholt. Und das gilt aber vielleicht für jede Existenz. Aber nicht jede Melodie ist angenehm.«

Später dann an jenem Tag, im hereinsinkenden Abend, nach einem Spaziergang durch das Dorf, stehen wir vor dem Haus mit erleuchteten Fenstern. Und dort, im ersten Stock, wo das Studio war, sieht man einen weißhaarigen Kopf gebeugt über ein Buch. Jünger las.

# *Meine Bibliothek*

Ist dies überhaupt eine Bibliothek? Geht man nach der Zahl der Bücher, so kann man getrost von einer Bibliothek reden, denn rund zwanzigtausend Bände hat nicht einmal jede Stadtbibliothek aufzuweisen. Aber die Fanatiker der Vollständigkeit würden den Kopf schütteln, denn nichts ist so recht vollständig. Zu viele Felder wurden gelegentlich beackert und lagen dann brach. Oder ist gerade dies das Zeichen einer Sammlerbibliothek? Man sammelt nicht nach den Vorgaben der Literaturgeschichte, sondern nach den eigenen Ambitionen, und die ändern sich in einem längeren Sammlerleben.

In frühen Jugendjahren galt mein bevorzugtes Interesse der Naturwissenschaft. Zwei Dutzend gebundene Jahrgänge der Zeitschrift ›Kosmos‹, allerlei von und über Darwin, ein Fach ornithologischer Werke und ein weiteres mit Aquarienliteratur, die heute noch wachsende Sammlung an Gartenbüchern, es sind Zeichen jener Zeit. Damals interessierten mich bibliophile Fragen kaum, aber merkwürdigerweise verliebte ich mich in die dreibändige Ausgabe ›Leben und Briefe von Charles Darwin‹, die sein Sohn Francis herausgegeben hatte. Ich kaufte sie in einem Antiquariat in der deutschen Erstausgabe von 1887 und freute mich, als ich viel später die Originalausgabe in Darwins Haus in Kent sah. Anderes wurde wieder verkauft, manches verschenkt, doch von etlichen Bänden mochte ich mich nicht trennen, obwohl meine Neigungen andere Wege gingen. Damals bewahrte ich meine Bücher zunächst in einem kleinen Regal auf und dann in einem Bücherschrank, den mir meine Eltern aus dem Nachlass eines Lehrers gekauft hatten. Das reichte für die ersten achtzehn Jahre meines Lebens. Später bekam ich dann aus der Möbeltischlerei unserer Familie einen großen Schrank, dessen Regale verschiebbar sind. Die hintere Regalwand steht fest, vorn laufen die Regale auf Schienen. Die glänzende Handwerksarbeit sollte dann in meiner Stasi-Akte ihre Rolle spielen. Angeblich hatte ich in den vorderen Fächern die sozialistische Literatur, hinten aber Hitlers ›Mein Kampf‹ und andere Naziliteratur. Nun, der Spitzel, der dies den Herren mitgeteilt hatte, er war ein Dummkopf. Ich besaß Hitlers ›Mein Kampf‹ nie, und was den Namen Hitler auf den Umschlag trug, es war Joachim Fests Hitler-Biografie. Freilich der Besitz dieses »westlichen Druckerzeugnisses«, er war wohl noch anrüchiger als das unlesbare Werk des Anstreichers.

Heute ist meine Bibliothek in wesentlichen Teilen auch eine Arbeitsbibliothek. Wenn man weitab von größeren Städten des Landes lebt und beruflich mit Literatur zu tun hat, dann ist es eine Sache der Ökonomie, ob man manches Buch zu Hause hat oder erst hundert Kilometer fahren muss, um etwas nachschlagen zu können. Trotzdem ist es nicht nur eine Arbeitsbücherei, denn meine Kriminalromansammlung kann ich beim besten Willen nicht aus solcher Notwendigkeit erklären. Immerhin sind die Krimis auf weit über zweitausend Bände angewachsen. Die Lieblinge sind vollständig: Alle Maigret-Romane und Geschichten von Simenon, das Gesamtwerk von Chandler, Hammett, Rex Stout, Dorothy Sayers, soweit es in deutschsprachigen Ausgaben vorliegt. Ein paar Krimireihen aus der DDR-Zeit, dabei auch der erste DDR-Kriminalroman von Wolfgang Schreyer ›Großgarage

Südwest‹. Die von Kurt Tucholsky so geschätzten Bücher von Frank Heller, die ich gar nicht so schätze, aber trotzdem gesammelt habe, finden sich hier. Natürlich habe ich selbst bei Heyne und Diogenes ein paar klassische Krimis herausgegeben, und immer noch hoffe ich, ein Verlag beauftragt mich, die hundert besten Kriminalromane zu edieren. Ich besitze den Siebenhundert-Seiten-Wälzer der umfassendsten Bibliografie dieser Literatur ›The Bibliography of Crime Fiction 1749–1975‹ von Allan J. Hubin und etliche andere Handbücher aus diesem Feld.

Übrigens, wer Bücher sammelt, braucht Kenntnisse. Er benötigt Lexika und Handbücher, Bibliografien und Verlagsverzeichnisse. Wer sich mit deutscher Literatur beschäftigt, kann auf den ›Taschengoedeke‹ ebenso wenig verzichten wie auf das ›Handbuch der Editionen‹. Leopold Hirschberg, ein großer Sammler, stellte den ›Taschengoedeke‹ zusammen, es handelt sich dabei um eine Bibliografie der Erst- und Gesamtausgaben der deutschen Autoren von etwa 1650 bis zum Ende des 19. Jahrhunderts. Eine wichtige Ergänzung und Erweiterung ist Waltraud Hagens ›Handbuch der Editionen‹, das eine Bewertung der wichtigsten Ausgaben von Autoren aus diesem Zeitraum vornimmt. Es kann ein ganz eigenes Vergnügen sein, unterschiedliche Ausgaben von Lieblingsautoren zu vergleichen. Aber genug der Abschweifung, der Sammler wird sein Handwerkszeug selbst suchen und finden.

Die Liebhabereien, sie füllen so manches Fach. Angeregt durch Eugen Tarlés Napoleon-Biografie begann ich Napoleana zu sammeln. Fast zweihundert Bände sind es geworden, mit schönen alten Ausgaben, doch dann hatte ich genug. Durch meine Zusammenarbeit mit dem Leipziger Künstler Karl-Georg Hirsch, der einige meiner Bücher illustrierte und ein Exlibris für meine Bibliothek entwarf, interessierte ich mich für Grafik und Bücher von Hirsch. Aus meines verstorbenen Bücherfreundes Werner Klemkes Buchillustrationswerk steht vieles in den Regalen und von Lothar Sell auch, von Gerhard Altenbourg und Kaplan, aber das ist schon ein anderes Kapitel.

Bleiben wir bei den Büchern, die mehrere Räume im Haus, ein ganzes Bücherhäuschen im Garten und nun auch noch eine Zweiraumwohnung in einem anderen Haus füllen. Unter Sammlern scheint die »Zweitwohnung« für Bücher kein seltenes Phänomen. Ernst Jünger erzählte mir, dass er in Wilflingen mehrere solche »Außenstellen« seiner Bibliothek hatte. In solchen Räumen finden sich dann die Schätze eines langen Sammlerlebens, denn gut vier Jahrzehnte währt bei mir nun diese Leidenschaft.

Da sind ein paar Buchreihen, die gewichtig genug sind, dass man sie nennt. Rund anderthalbtausend Bände der Insel-Bücherei, und mittlerweile wird einem alles Fehlende auf dem Antiquariatsmarkt angeboten. Aber soll ich für ›Serbische Volkslieder‹ (IB 197/2) fünfhundert Euro oder mehr bezahlen? Ich verzichte dann schweren Herzens auf die Komplettierung meiner Sammlung. Vollständig ist die Reihe ›Poesiealbum‹, die mein Freund Bernd Jentzsch begründete, und aus ihrer Geschichte lässt sich ein gut Teil der DDR-Kulturpolitik ablesen. Dann hat sich so etwas wie eine Bibliothek der DDR-Literatur eingefunden, denn immerhin war ich lange Zeit Lektor und Literaturkritiker. Ein abgeschlossenes Sammelgebiet ist das mittlerweile geworden, wie die Briefmarkensammler sagen. Literatur also in Erstausgaben und Widmungsexemplaren, von Apitz bis Zweig, Arnold, von de Bruyn und Bobrowski bis zu Wellm und Wolf, Christa, viele Bücher meiner Kollegen und Freunde aus dem engeren Lebenskreis. Selbstverständlich auch jene Bände, die ich selbst als Lektor betreute, hundert Bände sind dies geworden. Vieles davon ist heute vergessen, ob man sich morgen daran erinnern wird? Manches Seltene und Kuriose darunter, Privatdrucke, so der hübsche Band, den Autoren des Hinstorff-Verlages zu Peter Erichsons 70. Geburtstag edierten, ›Autoren geben einen Verleger heraus‹. Die längste Widmung findet sich in Karl Mundstocks ›Helle Nächte‹, da reichte eine Seite nicht aus, denn er hat mir dabei sein ganzes Programm für das Schreiben von Romanen mitgeteilt. Und Walther Victor schrieb mir in ein Buch, das ich als Lektor betreut hatte: »Danke, lieber Klaus, wenn wir so seit 1945 zusammengearbeitet hätten«, und ich antwortete ihm »Lieber Walther, 1945 warst du in Amerika, und ich war damals gerade acht Jahre alt.« Natürlich gehören in diesen Bibliotheksteil auch Ausgaben von Autoren, die in den jeweiligen Exilländern erschienen sind, Walther Victors Autobiografie, die in einer Kleinstauflage in New York erschien und die er mit einem Stempel versah, wenn er sie an Freunde in der DDR verschenkte: »Dieses Buch gehört ... Es ist nicht für die Öffentlichkeit bestimmt, da es teilweise nicht mehr meinen Auffassungen entspricht.« Walther Victor war ein kluger, ein vorsichtiger Mann, waren es tatsächlich seine Ansichten, die sich geändert hatten, oder waren es die Ansichten der Zeit, die sich geändert hatten? Auch Arnold Zweigs ›Beil von Wandsbek‹ in der Stockholmer Erstausgabe steht bei mir, es durfte lange nicht in der DDR erscheinen.

Ein anderer Teil meiner Bibliothek ist der deutschsprachigen Literatur des 19. und 20. Jahrhunderts gewidmet. Diese Abteilung nimmt immer noch zu. Hier gibt es ein Sammelprinzip: Es geht mir um ordentliche, gesicherte Texte, also um möglichst vollständige, gute Ausgaben, auch um Editionen, die für das Werk des Autors von besonderer Bedeutung sind. Und wenn es das Sammlerglück und die Brieftasche erlauben, dazu das eine oder andere in Erstausgaben. So steht neben einer modernen Heine-Ausgabe die erste Gesamtausgabe, die bei Hoffmann und Campe zwischen 1861 und 1884 erschien. Von Jean Paul habe ich nicht nur die gute Hanser-Ausgabe, sondern auch die erste Gesamtausgabe der ›Sämmtlichen Werke‹, die bei Reimer in Berlin von 1826–1838 herauskam. Am liebsten ist mir von diesem Autor aber die schöne Auswahl, die Richard Benz bei Piper herausgegeben hat und die Jakob Hegner in Hellerau in der Original-Jean-Paul-Fraktur druckte. Wer etwas von dem Verleger Hegner wissen will, der lese Peter Schifferlis unentbehrliches Buch für den Büchersammler ›Vom Druckfehlerteufel und von der Hoffnung Jakob Hegners auf ein himmlisches Alphabet‹. Freilich, das Buch, es ist mittlerweile nur noch im Antiquariat zu finden.

Gesamtausgaben: Jeder Sammler, der sich für das Literarische interessiert, nicht allein für die Buchgestalt, das Bibliophile, das Seltene, der wird bei wichtigen Autoren neben den Ausgaben einzelner Werke, mit denen eine Liebe beginnt, so nach und nach auf Gesamtausgaben verwiesen, sofern es sie gibt. Das wird ihn nicht davon abhalten, auch die Bücher zu behalten, die sich als Einzelstücke eingefunden haben. Denn man beginnt ja als Leser und Sammler zumeist mit einem Buch, das einen für den Autor einnimmt. Über lange Jahre habe ich mir im Buchhandel und in Antiquariaten die Bücher von Ricarda Huch beschafft. Heute ist mir das Schicksal dieser tapferen Frau fast wichtiger als die Mehrzahl ihrer Bücher, obwohl es da noch immer Lesenswertes gibt.

Ich hatte ihre Jugenderinnerungen ›Frühling in der Schweiz‹ gelesen und seither interessierten mich ihre historischen Bücher. Als endlich einmal im Antiquariat die Gesamtausgabe auftauchte, die Kiepenheuer & Witsch veranstaltet hat – und wohl in nicht allzu großer Stückzahl absetzen konnte, denn mittlerweile ist die Edition gesucht –, da griff ich zum Telefonhörer. Seither steht sie in meinen Regalen. Ich habe auch Gesamtausgaben von Autoren, die bei manchen Lesern nur ein Lächeln hervorrufen: Gustav Freytag, Detlev von Liliencron (»das liest man doch längst nicht mehr«) oder Jeremias Gotthelf (»das ist doch versammelte Langeweile«). Nein, davon soll man sich nicht beeinflussen lassen: Wir sammeln nicht nach den Bewertungen der Literaturgeschichte oder nach den Maßgaben des so genannten Zeitgeistes, sondern zu unserem Vergnügen. Als ich begann, mich für Hesse zu interessieren, da schrieb Theo Sommer in der ›ZEIT‹, »dass mit diesem Gartenzwerg unter den Nobelpreisträgern kein Blumentopf mehr zu gewinnen« sei. Während Hesse mittlerweile zum meistübersetzten deutschsprachigen Autor des 20. Jahrhunderts geworden ist, wird man sich an den Chefredakteur der Hamburger Wochenzeitung wohl auch wegen dieses Groß-Irrtums erinnern. Also Hesse. Da guckt nun eine ganze Regalwand den Besucher an, natürlich ist die Nummer eins seiner Publikationen, der Gedichtband ›Romantische Lieder‹ dabei, nach dessen Lektüre wohl niemand gedacht hätte, dass dies einmal der Autor des ›Steppenwolf‹ werden würde. Unter den Erstausgaben seiner Werke fehlt mir noch der ›Hermann Lauscher‹, aber vieles andere ist da. Hesse ist ein rechter Autor zum Lesen, aber auch zum Sammeln, es gibt Hunderte von Privatdrucken, entlegene Zeitschriften, in denen er Gedichte oder Literaturkritiken publizierte. Da ist es natürlich ein besonderes Vergnügen, solche Desiderata zu suchen – und zu finden.

Übrigens, Hesses kleines Büchlein ›Eine Bibliothek der Weltliteratur‹ war so etwas wie ein Leitfaden für meine eigenen weltliterarischen Sammlerinteressen. Und diese Bibliothek der Weltliteratur ist mittlerweile der größte Bereich meiner Bibliothek. Ich versage mir da eine Aufzählung, aber von ein paar Lieblingsautoren will ich berichten. Im Laufe der Jahre sind da Liebesverhältnisse geschlossen und auch wieder gelöst worden. Lange konnte ich nicht genug von Joseph Conrad bekommen, die schönen gelben Bände aus dem alten S. Fischer Verlag sind ein Beleg dafür ebenso wie die Biografien und Neuausgaben. Dann musste es, trotz mancher Vorbehalte, der ganze Hamsun sein, die Isländer mit der Reihe der Sagas aus dem Diederichs-Verlag und der ganze Laxness. Ich bin ja mittlerweile einige Male auf der Insel aus Feuer und Wasser gewesen, habe Halldór Laxness noch besucht, der mit mir in leicht sächsisch gefärbtem Deutsch parlierte. Er hatte Ende der zwanziger Jahre längere Zeit in Leipzig gelebt.

Begegnungen mit Autoren sind Teil solcher Sammlungsvergnügen. Konstantin Paustowski, dessen schönste Erzählungen ich als Herausgeber betreuen konnte, traf ich in Moskau, und natürlich gibt es bei mir seither eine Sammlung seiner Ausgaben. Vor kurzem hat Hans Magnus Enzensberger einen Band von Paustowskis Lebensgeschichte in der »Anderen Bibliothek« ediert: ›Der Beginn eines verschwundenen Zeitalters‹. Immer, wenn ich nach Paris komme, zieht es mich nach Passy in das kleine Häuschen, das Balzac bewohnt hat. Manchmal bin ich dort der einzige Besucher. Vor Jahren einmal sah ich die blaue Pappband-Ausgabe Balzacs in einem Antiquariat, die Rowohlt 1923 in vierundvierzig Bänden herausgegeben hatte. Vierhundert Mark sollte sie kosten. Ich konnte mich nicht gleich entschließen, am nächsten Tag, als ich mit einem Scheck erschien, war sie schon verkauft. Vor einigen Jahren hat der Verleger Daniel Keel diese Ausgabe als Taschenbuchkassette oder sagt man besser Koffer veranstaltet – und blieb darauf sitzen. Ich kaufte etliche Exemplare und schenkte sie meinen Freunden. Vorher aber hatte ich schon die Ausgabe des Aufbau-Verlages in meinen Regalen versammelt. Es fehlte mir daraus lange ein Band, denn zu DDR-Zeiten erschienen Gesamtausgaben zumeist in Einzelbänden. Dass ich sie dann zur Vollständigkeit brachte, verdanke ich einem Kuraufenthalt. Da traf ich den Grafiker Horst Bartsch, der die Schutzumschläge der Edition gestaltet hatte, er schenkte mir den noch fehlenden Band.

Übrigens, eine alte Sammlererfahrung: Man kaufe nie unvollständige Ausgaben, sie bleiben unvollständig. Noch ärgerlicher sind die Fragmente von Gesamtausgaben, die Verlage verantworten – oder die Geschichte. Als die DDR verschwand, verflogen auch manche verlegerischen Unternehmungen. So hat Aufbau den E. T. A. Hoffmann nicht zu Ende gebracht, von der ›Berliner Ausgabe‹ Friedrich Schillers gibt es nur fünf Bände von zehn geplanten. Was soll ich nun machen? Ich werde wohl nach anderen Ausgaben suchen. Tod oder Faulheit von Herausgebern kann gleichfalls dazu führen, dass manche Ausgabe nicht abgeschlossen wird. Aus Carl Georg von Maaßens E. T. A. Hoffmann-Ausgabe fehlt leider für immer der Band fünf.

Ach ja, vieles ist noch vorhanden, Lexika und Wörterbücher, Jules Verne und Karl May. Doch hier halte ich ein, hier setze ich einen Punkt. Der Text könnte zu einer Aufzählung verkommen, und ich wollte doch von meiner Bibliothek nur erzählen, wieso ich zu manchem Buch gekommen bin und welche Erfahrungen man als Sammler macht. Freilich, wenn ich das Ganze fortsetze, es würde ein eigenes Buch daraus, und vielleicht müsste das dann ehrlicherweise nicht heißen ›Meine Bibliothek‹, sondern ›Mein Leben‹.

# *Klemkes Bücherwelt*

Es war nicht nur das trübe Licht des Januarmorgens, das die Räume in dem Mietshaus in Berlin-Weißensee ein bisschen trist und verlassen wirken ließ. Die goldenen Buchrücken in den Regalen an der Wand schienen ihren Glanz verloren zu haben. Auf dem niedrigen Tisch in der Ecke war eine Kaffeetafel eingedeckt, aber die Tassen und Teller waren verstaubt, seit langem unbenutzt, niemand wurde erwartet. Es war die Behausung eines Mannes, der hier allein und mit der Mühsal des Alters lebte.

»Das Schlimmste ist, dass ich nicht mehr arbeiten kann. Bei einem Autor versagt wohl im Alter manchmal das Gedächtnis, bei mir ist es die Hand.« Er sagte es mit einem traurigen Lächeln, das er sich abquälte. Und er hatte Mühe, mit dieser Hand, mit der er so viel und exzellent gezeichnet hatte, die Zigarette zu halten. Er war alt geworden und ein wenig müde, nur manchmal, wenn er von Büchern redete, spürte man das Temperament, die Heiterkeit von einst.

Werner Klemke lebte mit Büchern, für Bücher, in Büchern. Er war einer der Väter der oft gelobten Buchkultur der alten DDR. Ohne sein Wirken als Grafiker, Buchgestalter, Hochschullehrer und Juror ist sie nicht denkbar. Ist das wirklich alles vergessen? Es scheint so. Klemke waren im Laufe seines Lebens viele Ehrungen zugefallen, Mitgliedschaften und Ehrenmitgliedschaften in mehreren Akademien, Nationalpreise der DDR, Dutzende von Diplomen im Wettbewerb »Schönste

Bücher der DDR«. Er hatte sich dabei, so seltsam es scheinen mag, nie politischen Forderungen und Zensuren unterworfen. In der Bibliografie seiner Aufsätze finden sich Titel wie ›Exkurs über den Inhalt von Damenhandtaschen‹ oder ›Über das Vergnügen, in Holz zu stechen‹, aber die Ergebenheitsadressen, die Lobsprüche auf die Mächtigen, sie fehlen. Er hatte Kompromisse gemacht, die von ihm illustrierten, gut illustrierten Schulfibeln, sie waren in manchen Teilen Märchenbücher einer nicht existenten heilen Welt. Aber er hatte sich auch oft gewehrt: Als in den sechziger Jahren eine Ausstellung mit Arbeiten begabter junger Künstler der Akademie der Künste in der Presse heftig attackiert wurde, bezog er auf seine Weise Stellung. Kein Wort von ihm, aber an allen Bildern, die kritisiert worden waren, fand sich ein Kärtchen: »Ankauf durch Prof. Klemke«. Er hat gelitten unter Dummheit und Unfähigkeit, die ihm das Arbeiten oft genug erschwerten. »Ein Jammer«, sagte er, als wir einmal von Heinar Kipphardt redeten, »dass man ihn weggetrieben hat, man konnte so gut mit ihm arbeiten.« Klemke hat sich in die Arbeit vergraben, zurückgezogen in die Welt der Bücher. In ihr und von ihr ließ es sich damals nicht schlecht leben. Die Schätze seiner Bibliothek bewiesen es. Es ist ja nicht ungewöhnlich, dass ein Buchgestalter auch Bücher besitzt, aber wer Klemkes Bibliothek kannte, kam ins Staunen.

Der kenntnisreiche, passionierte Sammler hatte in vier Jahrzehnten eine Bücherei von gut dreißigtausend Bänden zusammengetragen, weit ausgreifend in Sammelgebieten und Zeiträumen. Er bewohnte eine ganze Etage, Ladenräume einer ehemaligen Bäckerei wurden zusätzlich gemietet, in denen sich Bücher stapelten. Klemkes Bücherei war zuerst eine Arbeitsbibliothek, aber sie war nicht nur dies. Obwohl sie viele seltene Stücke enthielt, wurden die Bestände ständig genutzt, denn ihr Besitzer war ein lesender Bibliophile, kein simpler Bibliomane. Ein bisschen schwärmte er immer davon, all seine Schätze einmal sorgfältig nach Zeiten, Literaturen und Autoren zu ordnen, aber ich wusste, dass solche Schwärmerei ein Traum bleiben würde: Schön, aber nicht wirklich, denn die voll gestopften Regale, die Bücherberge auf den Tischen, auf dem Fußboden, sie gehörten zur Atmosphäre seiner Bücherwelt. Dabei fand Klemke zumeist, was er suchte. Wir kamen auf den Illustrator Max Unold zu sprechen. Schon zog Klemke aus einem Fach nahe der Decke nebst einer Staubwolke den gesuchten Band, in dem sich Unold über seine Lektüreerlebnisse auslässt.

Wie sollte es anders sein, ein Illustrator sammelt illustrierte Bücher. Sie nahmen auch bei Klemke einen bevorzugten Platz ein: Handschriften waren vorhanden wie das Gebetbuch einer Nonne aus dem dreizehnten Jahrhundert mit schönen Initialen: »Schauen Sie sich das einmal an, die Sicherheit in den Proportionen, die Harmonie der Farben, die Dame wäre heute eine gesuchte Illustratorin.« Mit sichtlichem Vergnügen kommentierte er seine Schätze: Wiegendrucke, unter anderem Ulrich von Richentals ›Concilium von Constanz‹ (Augsburg Anton Sorg 1483), selbstverständlich ein schönes Exemplar von Jost Ammans ›Ständebuch‹ von 1569. Er zeigte auf die Holzschnitte, denn er hatte ja selbst eine besondere Zuneigung zu Holzstich und Holzschnitt, als Illustrator begann er in diesen Techniken. »Meine alten Kollegen beherrschten ihr Handwerk von Grund auf, und als ich Druckstöcke aus jener Zeit zum ersten Mal in der Hand hielt, kam ich aus dem Staunen über die technischen Finessen dieser alten Burschen nicht heraus.« Und er öffnete mir seinen Holzschrank, einen alten Wäscheschrank voller Hölzer, seinen Materialfundus. Genussvoll strich er mit der Hand über ein schönes Stück

Birnbaum: »Das kriegen Sie heute nicht mehr, solche Hölzer schneidet Ihnen niemand mehr, nun, für mich reicht es wohl.« Aber er hat diesen Schrank dann nicht mehr geöffnet.

Einhundertsechs Holzstiche hat er zu einer Ausgabe von Boccaccios ›Dekameron‹ gemacht, inspiriert von der mittelalterlichen Druckgrafik der Schrotblätter. Als Schrift wählte er die Poliphilius Antiqua, die hatte er in einem Wiegendruck entdeckt. Doch da die Druckerei nur zwei Schriftgrade hatte, wurde die ganze Ausgabe eben nur in zwei Schriftgraden gestaltet. Was dem Mangel entsprang, führte zur Meisterschaft. Das Buch erhielt die Goldmedaille auf der Leipziger Buchkunst-Ausstellung, es gab mehrere Lizenzausgaben in Westdeutschland, Österreich und Jugoslawien. Klemke wurde für diese Leistung Ehrenbürger von Boccaccios Geburtsstadt Certaldo. »Ach, wissen Sie, wenn man viel arbeitet, wird man ein paar Preise bekommen. Aber diese Sache freute mich wirklich. Ich bin da hingefahren, obwohl ich eigentlich keine Zeit zum Reisen habe. Doch das Gefühl für diesen alten Knaben Boccaccio, das bekommt man nur dort.« So konzentriert er bei der Arbeit war, so sehr liebte er im Gespräch die Abschweifung, die Arabeske, die fantasievolle Pointe des Erzählers. Übrigens, als wir uns später besser kannten, als wir uns nach dem Genuss eines guten Rotweins duzten, schenkte er mir diesen Boccaccio in der Vorzugsausgabe, die ich in seiner Bibliografie nicht einmal finde.

Und dann saßen wir auch an diesem Morgen wieder in seiner Bibliothek, und er schleppte aus allen Regalen Bände herbei. Alle großen Illustratoren waren hier mit vielen ihrer Werke vertreten: Doré, Daumier, Grandville, Ludwig Richter, Menzel, Kubin, Kollwitz, Malerbücher von Chagall und Picasso gab es. Und während er Chagalls ›Bible‹ (Paris 1956) beiseite legte, zog er schon unter dem Stapel Balzacs ›Contes drolatiques‹ in der Ausgabe mit den Illustrationen von Gustave Doré (Paris 1853/56) hervor. »Übrigens, ich habe da auch ein Exemplar mit den Abzügen von den Originaldruckstöcken, das Walter Tiemann 1927 für den Insel-Verlag gestaltet hat. Du kennst Tiemann? Ein ganz großer Buchgestalter, der hatte ein Gespür für das Buch als Ganzes.« Das traf auch auf Klemke zu. Er war ja nicht nur Illustrator, sondern Buchgestalter. »So etwas müsste man können«, meinte er lächelnd und zeigte den Band von Thomas Moores ›Irish Melodies‹ mit Illustrationen von MacIsle in blauem Ganzmaroquin und mit Vergoldungen von Anker Kyster (London 1846) als klassisches Beispiel für Buchharmonie. Klemkes Bibliothek, das waren auch die fast vollständigen Sammlungen der Münchner Bilderbogen, der Reichsdrucke, des ›Kladderadatsch‹, es waren ungezählte Kunstbände, Malermonografien und immer wieder Unikate, Kuriosa, wie etwa das handgeschriebene und handgemalte Erinnerungsbuch eines deutschen Segelschiffkapitäns aus dem 19. Jahrhundert oder Kinderbücher wie Funkes ›Moralisches Bilderbuch‹ (um 1803), von dem er wohl das einzige erhaltene Exemplar besaß. Dann die Franzosen-Wand der Bücherei, sie war vielleicht der schönste Teil der Sammlung; ein Rousseau in achtunddreißig Bänden von 1788, Voltaire in dreißig Bänden von 1768, Montesquieu in fünf Bänden von 1796.

»Ach, ich kaufe keine Bücher mehr«, sagte er plötzlich. Nun, da er nicht mehr arbeiten konnte, brauchte er ihre Anregungen nicht. Er saß ganz still in seinem Sessel, das Lächeln, das seine Augen so lebendig machte, es war verschwunden: »Es hat keinen Sinn mehr.« Und dabei erinnerte ich mich der zauberhaft heiteren Stunden mit ihm, dieser herrlichen Unfeierlichkeit, die er ausgestrahlt hatte. Auch wenn er, im Zeitalter der Jeans, immer korrekt gekleidet ging, den Anzug mit

Weste trug, er behielt den heimischen Berliner Boden unter den Füßen. Er liebte die Pointe im Erzählen wie in seinem grafischen Werk.

Schade, dass er nicht noch mehr geschrieben hat, denn seine Texte zur berlinischen Kulturgeschichte, zur Buchkunst sind so amüsant und graziös wie seine grafischen Blätter. Einmal hat er in Weinlaune einen Preis gestiftet, »der demjenigen zu verleihen ist, dem die Berliner Schnauze, inklusive Herz natürlich, eine Frage des persönlichen Stils ist und der dieselbe auf konkurrenzlose Weise zu betätigen weiß. Mit der Auszeichnung ist eine Dotation verbunden, die in Höhe von 50 Mark aus des Stifters Tasche dem Laureaten zufließt, allerdings mit der Auflage, die Summe Geldes augenblicklich in Schnaps zu verwandeln und dem Konsum der Beteiligten zuzuführen«, wie sein Freund und Kollege Paul Rosie berichtete. Der Schriftsteller Lothar Kusche und der Schauspieler Ernst Kahler sind meines Wissens die einzigen Preisträger, aber Klemke hätte den Preis wohl zuerst verdient. Wie in allen Dingen hatte er auch bei der Konsumtion geistiger Getränke Stil. Damals, als wir uns das letzte Mal sahen, ein halbes Jahr später, im August 1994, war er tot, tranken wir einen trockenen Württemberger, und Klemke bedauerte, dass er nicht jünger war, denn in DDR-Zeiten war die Chance ein Weinkenner zu werden, sehr gering. Lachend meinte er: »Erinnerst du dich noch, als es mal in unseren Läden nur Rotwein gab, da hatte der Konsum den Slogan erfunden ›Trinke nicht wahllos, greife zum Rotwein‹. Ja, Weine sammeln war unmöglich, da blieb man bei den Büchern.«

1917 wurde er als Sohn eines Tischlers in Weißensee geboren. Doch mit dem Lesen, der Liebe zum Buch fing alles an, auch wenn ihm hier so mancher Stein in den Weg gelegt wurde: »Als kleiner Junge besuchte ich die Volksbibliothek.

Da war eine Bibliothekarin, die hatte einen so strengen Blick. Wir mussten unsere Hände vorzeigen, ob sie auch sauber waren, das missfiel mir, und so verzichtete ich lieber auf ihre Bücher. Ich mag noch heute strenge Amtsblicke nicht und alles, was damit zusammenhängt«, schrieb er über seine Kindheit. Später ging er gern in die Berliner Museen, er betrachtete die Bilder und las zu Hause dann in Büchern darüber nach, »es erstaunte mich, wie viele verschiedene Meinungen es über einen und denselben Gegenstand geben konnte«. Dieses Staunen-Können war wohl der Nährboden seiner Fantasie.

Als Schüler des Köllnischen Gymnasiums in Berlin lernte er Griechisch und Latein. Antike Autoren wurden ihm lebenslang Weggefährten. Nach einem kurzen Zwischenspiel auf einer Lehrerbildungsanstalt, die ihm sehr missfiel, wurde er Zeichner beim Trickfilm. Hier lernte er, wie man regelmäßig und viel arbeitet. Der Zweite Weltkrieg unterbrach diese Arbeit; zu den unangenehmsten Erfahrungen jener Jahre gehörte der Tag der Gefangennahme, als man ihm den ersten Band der Petronius-Ausgabe abnahm, die er als Lektüre bei sich trug. Nun stand ›La Satire de Petrone‹ von 1794 nur mehr als Torso, nämlich allein mit dem zweiten Band in seiner Bibliothek. In Holland sah er während der Kriegszeit in Antiquariaten die Bücher der berühmten Drucker Elzevier und Blaeu, später dann versammelte er schöne Beispiele davon in seiner Bücherei. 1946 kam er nach Berlin zurück, nachdem er sich zuvor in einer kleinen norddeutschen Druckerei zum ersten Mal als Illustrator versucht hatte, mit Lithografien zu den ›Bremer Stadtmusikanten‹ (für Klemke-Sammler: Das Buch ist außerordentlich selten, auch in meiner Sammlung fehlt es noch immer). Doch in Berlin angekommen, bemalte er erst einmal Lampenschirme und Ladenfronten, denn obwohl auch Bücher gebraucht wurden, war man dem benötigten Brot bei der Bemalung eines Bäckerladens näher. Schließlich kam der erste richtige Illustrationsauftrag: Holzstiche zu einer Georg-Weerth-Ausgabe. Dreieinhalb Jahrzehnte später waren es fast achthundert Bücher, dreihundert Plakate, einige hundert Titelblätter mit dem berühmten Kater für die Zeitschrift ›Magazin‹ geworden, Gegenstand nun selbst mancher Sammlungen von Bücherfreunden, denn frühe Klemke-Arbeiten sind gesuchte Objekte. In der Tassostraße, in den dunklen Ladenräumen des Erdgeschosses hatte er die Belege dieses Lebenswerkes gestapelt. Klemke wohnte hier bis zu seinem Tode, auch wenn er den Tasso nie illustriert hat. Oder doch? Ein Irrtum ist bei dem Umfang dieses Werkes verzeihlich. Die wichtigste Bibliografie seines Werkes gab Jens Henkel in seinem Verlag in Rudolstadt 1999 in aktueller Fassung neu heraus. Autor ist Horst Kunze, der mittlerweile verstorbene, langjährige Generaldirektor der deutschen Staatsbibliothek Berlin. Damals, bei unserer letzten Begegnung, redeten wir auch über das mögliche Schicksal seiner Bibliothek. »Es gibt ja«, sagte er, »zwei Möglichkeiten, entweder die Sammlung geht geschlossen in eine große öffentliche Bibliothek oder sie kommt ins Antiquariat, auf eine Auktion, und dann werden sich neue Sammler freuen.« Klemkes Bibliothek wurde durch die Erben in alle Winde zerstreut, wie man las. Nun gibt es wohl in vielen Bibliotheken ein Buch aus der Sammlung Klemke, vielleicht steht es neben den Titeln, die der Buchgestalter Klemke gemacht hat. Wie schrieb Walter Benjamin: »Das Phänomen der Sammlung verliert, indem es sein Subjekt verliert, seinen Sinn. Wenn öffentliche Sammlungen nach der sozialen Seite unanstößiger, nach der wissenschaftlichen nützlicher sein mögen als die privaten – die Gegenstände kommen nur in diesen zu ihrem Recht … Erst im Aussterben wird der Sammler begriffen.«

# *Meine Bestseller*

Wir leben in einer Zeit, die anscheinend von Bestsellern lebt, und ob wir wollen oder nicht, wir werden davon beeinflusst. Man kann sich zwar vornehmen, kein Buch zu lesen, das in den Bestsellerlisten erscheint, aber was will man damit eigentlich beweisen? Seinen individuellen Literaturgeschmack, seine Ablehnung des Zeitgeistes? Natürlich, wer nur die Bücher aus den Bestsellerlisten liest, er wird viel Unsinn lesen und anderes verpassen. Und was eigentlich haben die Bestseller mit dem Büchersammeln zu tun? In Ernst Heimerans hübschem Liebhaberverlag, der nun auch schon lange nicht mehr existiert, hat Horst Kunze einen Band herausgegeben: ›Lieblingsbücher von dazumal‹. Später hat der Buchhistoriker eine etwas kürzere Fassung des Buches hergestellt, bei Rütten & Loening 1959 erschienen: ›Gelesen und geliebt. Aus erfolgreichen Büchern 1750 bis 1850‹. Da finden sich Namen, die kennt heute kein Mensch mehr: Spiess und Müller, Langbein und Cramer, aber es tauchen auch einige Autoren auf, die wir nach wie vor schätzen: Jean Paul und Wieland, Hebel, Heine und andere. Die alten Lieblingsbücher zu sammeln, manches gibt es auch in Neuausgaben, es wäre eine Sammelidee. Übrigens, notabene: Die Bücher des Verlages Ernst Heimeran sind ebenso ein schönes Sammelgebiet. Natürlich, ich habe in diesem Feld auch ein bisschen dilettiert, rund fünfzig Bände sind es geworden.

Aber zurück zu unserem Thema: Lieblingsbücher. Sind

Bestseller Lieblingsbücher oder hat das eine mit dem anderen nichts zu tun? Es gibt Bestseller, die sind zum Glück nicht nur Bestseller, sondern gute Bücher. Also wäre es schön, wenn aus der Liste der bestverkauften Bücher nun eine Liste der besten Bücher würde, aber wer sollte die auswählen? Literatur, wir wissen es, ist eine Sache des Verkaufs, des Literaturbetriebs, an dem Autoren, Verleger, Buchhändler und Buchkäufer partizipieren. Und das ist gut so. Aber Literatur ist auch noch etwas anderes. Es gibt Leser, die lesen nicht nach den Vorgaben der Bestsellerlisten, die haben ihre eigenen Favoriten. Die kümmern sich auch nicht um die Rangordnung in der Literaturgeschichte. Lesen, der Griff zum Buch, ist eine ganz individuelle Entscheidung, und so liest man nicht nach den Bestsellerlisten, sondern nach einer ganz persönlichen Auswahl. Jeden Lesers Lesewelt heißt denn auch: Meine Bestseller. Und das hat für den Sammler Bedeutung. Wenn ich an meinen Bücherregalen langgehe und die Bücher aussuche, die ich mehrfach gelesen habe, da finden sich ganz unterschiedliche Titel, die freilich manches gemeinsam haben.

Vielleicht hat es mit Defoes ›Robinson Crusoe‹ begonnen. Ich besaß das Buch in früher Kindheit nicht, sondern musste es von einem Schulfreund borgen. Aber ich brauchte es, denn in unserem Garten stand ein merkwürdiges Gebilde aus Balken und Brettern, das heutzutage auf der Documenta eine Chance gehabt hätte. Es war Robinsons Höhle auf dem Lande, denn wo sollte ich das Meer hernehmen, hier im erzgebirgischen Mittelgebirge? Ich lebte Robinson. Das Buch war mir nicht als Literatur wichtig, sondern als Anleitung zum Leben. Und da es mir an Weltmeeren und Inseln fehlte, wechselte ich zu Sven Hedin, dessen dicke Expeditionsbücher ich damals allesamt las. Mit dem Meister verband mich der unbedingte Wunsch, Abenteuer zu bestehen, Unbekanntes zu erleben, ja, ich gestehe es, Ruhm zu ernten. Und so plante ich denn auch eine Expedition zum Fichtelberg, dem nächsten höheren Gipfel. Dreißig Kilometer nur entfernt, der höchste Berg Sachsens. Ich besaß ein Fahrrad, kostbarer Besitz, der Zweite Weltkrieg war gerade zu Ende gegangen, und ich strampelte los. Auf dem Gepäckträger hatte ich einen alten Tornister aus Großvaters Wanderjahren, gefüllt mit einem Messtischblatt des Erzgebirges, einer Büchse Leberwurst, einem Brot, Flickzeug für das Fahrrad, dazu die alte Voigtländer-Kamera und, wie sollte es anders sein, Hedins dickes Buch ›Transhimalaya‹«, das mir der geeignete Reiseführer erschien, denn Berge bleiben Berge, ob sie nun knapp dreizehnhundert Meter aufsteigen wie hier im Erzgebirge oder ein bisschen höher. Ich war Sven Hedin. Schon nach wenigen Kilometern überprüfte ich anhand der Karte die Landschaft. So agiert der geborene Büchermensch: Das Blatt Papier war die Wahrheit und die Wirklichkeit hatte sich gefälligst danach zu richten. Aber da hörte ich Stimmen und Schritte hinter mir. Aus dem Waldesdickicht kamen zwei Bergbewohner mit dunkelbraunen Gesichtern: Kirgisen oder Kasachen? Nur trugen sie keine Kittel oder Turbane, wie bei Sven Hedin, sondern verwaschene Uniformen der Roten Armee. Man befragte mich, was ich nicht verstand, man nahm mir das Messtischblatt aus der Hand und durchblätterte den dicken Transhimalaya-Band länger als meinen Personalausweis. Man redete auf mich ein, ich schwieg. Ich war wohl nun gefangen. Dann griff sich der eine Soldat mein Fahrrad, ich sah es mit Entsetzen. Er stieg schwankend auf, fuhr schwankend ein paar Meter und stürzte, wobei er den Lenker verbog. Da warf er das Rad in den Graben, und so plötzlich, wie die beiden Gestalten gekommen, waren sie auch wieder verschwunden. Sven Hedin in mir feierte seine

Befreiung, aber mein Abenteuerleben hatte einen kräftigen Stoß bekommen. Ich ahnte und würde es später wissen, dass Literatur und Leben doch sehr verschiedene Welten waren.

So also hat mein Bestsellerleben begonnen. Natürlich versuchte ich später nicht, alle Buchabenteuer ins Leben umzusetzen, aber merkwürdigerweise waren es immer wieder Bücher, die ich oft und mit Leidenschaft las, die in die scheinbar unerreichbare Ferne wiesen. Von Karl May zu Joseph Conrad, von Jules Verne zu Stanislaw Lem, es waren Lesestationen, die mir Bilder von der Welt wiesen, wie ich sie anderswo nicht bekam. Die Sehnsucht nach der Ferne nahm wohl auch zu, weil die Möglichkeiten des Reisens in der damaligen DDR sehr begrenzt waren, wenn man es zurückhaltend ausdrückt. Aber nicht nur Bilder aus der fernen Welt interessierten mich, noch mehr interessierten mich die Welten in mir selbst. Jeder weiß es, wir haben geheime Gedanken, die wir niemandem offenbaren, und vielleicht deshalb suchen wir Bestätigung für solche Geheimnisse in Büchern.

Zu meinen Lieblingsbüchern gehört der dreibändige Roman von Heinrich Alexander Stoll ›Johann Heinrich Voß‹. Das Buch war für den Union Verlag, der es am Ende der sechziger Jahre herausbrachte, ganz sicher kein Bestseller, denn wer interessierte sich schon für einen Poeten, der im 18. Jahrhundert erstmals den Homer ins Deutsche übersetzt hatte und ansonsten etliche Idyllen schrieb. Für mich wurde es ein Lieblingsbuch, ich fand Anregendes in der Existenz dieses Mannes, der ebenso gelehrt wie poetisierend, ebenso begeistert vom klassischen Altertum wie von der Region, in der er lebte, seine Bücher schrieb. Natürlich war das nicht (wie bei Sven Hedin) einfach in mein Leben zu übersetzen, aber die geistige Welt, die sich da zeigte, sie hatte etwas mit mir zu tun.

Neben den Büchern, die sich scheinbar so mittelbar mit meiner Welt, meinem Leben verknüpften, gab es andere Bücher, die mit meinem Sinn für Bewunderung zusammenhingen. Thomas Mann hat einmal von deutscher Kultur gesagt: »Bewunderung ist ihr tiefster Impuls.« Aus solcher Bewunderung las ich Thomas Mann und Hermann Hesse, Joseph Roth und Franz Hessel und die Klassiker auch. Ich bewunderte Fähigkeiten, die ich gerne selber gehabt hätte, Tiefe des Gedankens, Eleganz und Genauigkeit des Ausdrucks. Niemand hat mich je gezwungen, den ganzen Thomas Mann zu lesen, keine Bestsellerliste, keine Schule. Ich wollte es selbst, und da entwickelt sich ein anderes Verhältnis zu einem Buch, als wenn es einem, wodurch auch immer, aufgezwungen wurde. Und natürlich waren dies dann Kapitel im Buch meines Büchersammelns.

Schließlich gibt es eine dritte Kategorie von Lieblingsbüchern, von persönlichen Bestsellern: Da weiß ich nicht so recht, weshalb ich sie immer wieder in die Hand nehme, James Boswells ›Leben des Doktor Johnson‹, Samuel Pepys' ›Geheimes Tagebuch‹, Konstantin Paustowskis ›Goldene Rose‹, Iwan Gontscharows ›Fregatte Pallas‹, Essays von Josef Hofmiller und Arno Schmidt und manches andere. Oder doch? Es findet sich wohl eine geheime Verwandtschaft, ein Sinn für Witz und Ironie, ein Glücksgefühl, Leben und Welt auf solche Weise zu erfahren. Und noch etwas: Obwohl diese Autoren in anderen Zeiten, in anderen Gegenden lebten, sie sind mir nahe. Es gibt eine Verwandtschaft des Schöpferischen, die reicht von Homers fernen Gesängen bis ins Heute. Selbstverständlich regt das auch den Sammler in mir an. Es musste natürlich alles sein von Arno Schmidt oder Josef Hofmiller. Und in London stieg ich in einem Laden nicht weit von der National Gallery auf eine Leiter, um mir aus einem Regal nahe der Decke die Gesamtausgabe der Tagebücher des originellen Pepys – gleichfalls ein Büchersammler – herunterzuholen.

Übrigens, ich lese sehr gern davon, welche Lieblingsbücher andere Leser zu nennen wissen, vielleicht finde ich da Zugang, Neugier, Bewunderung, Unterhaltung. Das alles hat nur sehr bedingt etwas mit jenen Bestsellerlisten zu tun, die unsere Zeitungen schmücken. Aber ein bisschen doch. Man überprüft seine Vorstellungen vom Buch, vom Lesen. Damit lässt es sich leben, damit lässt es sich lesen. Wie gesagt, der wirkliche Büchersammler ist wohl doch ein großer Leser, und als Leser erst ein Sammler. »Glück des Sammlers, Glück des Einsamen …«, so beendet Walter Benjamin den Aufsatz über seine Bibliothek, »ist nicht das die Beseligung, die über den Erinnerungen waltet, dass wir in ihnen mit dem Dasein allein sind, das sich stillschweigend um uns anordnet …«

## *Sammlerfreunde und ihre Schätze*

In einem schweizerischen Juradorf hat er hoch oben am Berg ein Haus, das einst zwei berühmten Schauspielern gehörte. Er kann als Behältnisse für seine Bücher noch auf zwei weitere Häuser zurückgreifen, dort werden die Dubletten, die Massenware deponiert. Der Mann, lange Jahre als Germanistikprofessor im kanadischen Montreal tätig, kehrte vor gut fünfzehn Jahren in seine Geburtsheimat zurück. Und dann, als er in Olten den Eleven einer höheren Verwaltungsschule Lebenskenntnisse anhand von Kriminalromanen beibrachte – immerhin hat er einen dicken Kriminalromanführer und unter einem Pseudonym auch vier Krimis geschrieben –, erfasste ihn wohl die Lust am Besitz von Büchermassen. Armin Arnold, so heißt der Mann, ist der einzige unter meinen Bücherfreunden, bei dem ich nicht so recht weiß, was er sammelt, denn er sammelt alles. Und er sitzt ja für solche Sammelei auch an den Quellen. Die Schweizer Brockenhäuser, die von Wohlfahrtsorganisationen eingerichtet wurden, bieten auch Gedrucktes und vieles andere aus Haushaltsauflösungen an. In manchen der von Heilsarmee oder »Hiob« unterhaltenen Stationen gibt es regelrechte Bücherabteilungen, und das Schönste daran: Die dicken Wälzer wie die dünnen Hefte werden nicht wie im Antiquariat nach ihrem möglichen Wert ausgepreist, sondern pro Stück kosten sie einen Schweizer Franken. Sind sie etwas üppiger ausgestattet, dann können es auch zwei oder drei Franken sein, doch bei den broschierten

Krimis reicht oft schon ein halber Franken. In Bern, in einem Brockenhaus, sah ich die Gesamtausgabe von Carl Spitteler, Nobelpreisträger von 1919, den heute kaum mehr jemand kennt, alle elf Bände für vierzig Franken. Ich nahm sie nicht mit, eine Woche später hatte sie ein anderer weggeholt, und auch mein Freund Armin hatte das Nachsehen. Später kaufte ich in einem Antiquariat die Ausgabe für das Fünffache. Notabene: In Liestal, der kleinen Hauptstadt des Kantons Basel-Land, findet man in einem Museum einige Erinnerungen an den hier geborenen Spitteler. Auf dem Friedhof ist Georg Herwegh begraben und Joseph Viktor Widmann lebte hier, sind das alles vergessene Literaten? In eben dem Haus mit dem Museum gibt es im Erdgeschoss ein kleines Antiquariat, von freundlichen jungen Leuten betrieben. Da kaufte ich die Biografie Spittelers, die Werner Stauffacher geschrieben hat, 1973 bei Artemis erschienen, ein Wälzer von neunhundert Seiten. Aber wer über diesen Spitteler etwas mehr wissen will als das Lexikon bietet, der muss dieses Buch lesen.

Es ist übrigens eines meiner Sammelprinzipien und nicht nur meines, dass ich zu Autoren, die mir etwas bedeuten, von denen ich Gesamtausgaben besitze, auch eine möglichst gute Biografie haben möchte. Manchmal, ich gestehe es, ist mir die Lektüre der Biografie interessanter als das Werk. Beispielsweise las ich Thomas Freemans spannende Biografie von Hans Henny Jahnn viel lieber als die Schriften dieses merkwürdigen Autors. Ja, ja, ich weiß, jetzt schimpfen mich einige Jahnn-Jünger einen Banausen.

Aber zurück nach Liestal, da kann man im Antiquariat einen Kaffee trinken und über solche Dinge nachdenken. Natürlich »hat es«, wie die Schweizer sagen, in Liestal ein Brockenhaus, aber ich habe es nicht gefunden. Armin meinte, es lohne sich ohnehin nicht so recht. Er gehe in Liestal immer in den Army-Shop, da könne man einen Panzer kaufen, meinte er lächelnd, aber er beließ es letztens bei dem Erwerb zweier fast neuer Schreibmaschinen für je zwanzig Franken, mit denen er seine Bücherverzeichnisse tippen kann. Armin wundert sich immer, dass ich ein so eifriger Antiquariatsgänger bin. Als gebürtiger Schweizer dreht er den Kreuzer um und kauft lieber hundert Bücher für hundert Franken als ein Buch für zweihundert. Wenn ich es recht sehe, ist er unter den mir bekannten Sammlern der letzte Generalist. Alles Gedruckte ist ihm des Sammelns wert, und natürlich auch des Lesens, denn wenn er nicht auf Brockenhaustour ist, die steht zumeist am Samstag an, dann sitzt er in der Veranda seines schönen Hauses mit dem Blick auf die gegenüberliegenden Juraberge, raucht einen Stumpen und liest. Er ist ein Bibliomane, denn natürlich hat er Büchermassen um sich versammelt, aber es ist eine sehr kultivierte Form von Bibliomanie, die sich da auslebt. Und er ist kein Egoist. Da er weiß, dass ich Hesses Bücher sammle, schenkte er mir die Erstausgabe von Hesses Opus magnum, den Roman ›Das Glasperlenspiel‹, der 1943 in der Schweiz erschien. Die Nazis hatten seinem deutschen Verleger Peter Suhrkamp bedeutet, dass er dieses Buch nicht drucken dürfe. So konnte Suhrkamp erst 1946 eine deutsche Ausgabe veranstalten. Wer die beiden Bände heute im Antiquariat findet, er entdeckt auch in der Qualität des Papiers die Zeichen der Nachkriegszeit. Es ist vergilbt, der Text kaum mehr zu lesen, Bücher haben eben ihre Schicksale, und die sind sehr oft mit den Zeitereignissen verknüpft. Armin verehrte mir gelegentlich die Gesamtausgabe von Knut Hamsun, natürlich im Brockenhaus erstanden, er hatte noch ein zweites Exemplar.

Man muss ihn sehen, wenn er ein Brockenhaus betritt. Dann existiert die restliche Welt nicht mehr für ihn. Mit schnellen Schritten ist er an den Bücherregalen, greift sich gleich erst ein Dutzend Taschenbücher, dann geht er Fach für Fach durch, und während wir Amateure der Brockenhaustour schon längst abgeschlagen und müde auf einem alten Stuhl sitzen, weil wir nicht mehr können, ist er noch immer dabei, denn unter einer Ausbeute von zwanzig bis dreißig Bänden macht er es nicht. Er kauft gleich noch eine Jugendstillampe, die er unter irgendwelchem Gerümpel entdeckt hat, dann sammelt er seine abgeschlagene Mannschaft ein und geht schwer bepackt von dannen. Als ich ihn kürzlich besuchte, hatte er gerade von einer Brockenhaustour aus Bern dreiundsiebzig Bände angeschleppt, und weiß Gott, nicht nur Massenware. Immerhin Cronins Autobiografie, eine Gesamtausgabe der Stücke von Ionesco. Er fragte mich, ob ich sie haben wollte, aber ich winkte ab. Ionesco werde ich wohl in diesem Leben nicht mehr lesen, also blieben die Bücher in seiner Bibliothek. Er hat natürlich ein paar Lieblingsgebiete, allen voran die Kriminalromane. Sind es fünfzehn- oder zwanzigtausend Bände, er weiß es nicht so recht, Bananenkartons müssen herhalten, um sie zu fassen. Er liest sie in Deutsch, Englisch oder Französisch; auch die Westernromane liebt er, und von den Filmen mit den rauchenden Colts hat er gut zweihundert Videos. Gelegentlich fungiert er als Jurymitglied bei Prüfungen an Schweizer Verwaltungsschulen oder er hält ein Seminar über Paraliteratur für ausländische Studenten. Und dann genießt er seine Wandertage in den Schweizer Bergen. Dass er ein Eisenbahnfan ist, kann man an seinen eigenen Krimis, die er unter dem Pseudonym Max Frei geschrieben hat, feststellen, denn dort haben Mord und seine Aufklärung oft genug eine Beziehung zur Ankunft oder Abfahrt von Zügen. Selbstverständlich besitzt er Unmassen von Kursbüchern, und ein Schweizer Generalabonnement der Bahn hat er auch, um damit an einem Tag von Olten bis ins fränkische Hof zu fahren, Stumpen rauchend und Bücher lesend. Am Telefon sagt er: »Wann kommt ihr? Ich habe wieder ein sehr gutes Brockenhaus entdeckt.« Wir freuen uns schon auf die Reise.

Der Bücherfreund, der mir am nächsten wohnt, ist der Bürgermeister meines Städtchens, Uwe Schneider. Wir kennen uns schon lange, schon aus schwierigen Zeiten, und wir fanden unsere Namen in den dicken Aktenbündeln, die die Herren von der Staatssicherheit über uns angefertigt hatten. Da wurden wir nicht als Bücherfreunde gelistet, obwohl in meiner Akte etliche hundert Seiten davon berichten, dass ich mir auf unbekannten Wegen subversive »Druckerzeugnisse« aus westlichen Richtungen beschafft hatte. Es gab da so manche verschlungenen Wege, ein Beispiel will ich erzählen: Eine ganze Zeit lang in den Siebzigern ließ ich mir von Freunden aus der Bundesrepublik und auch aus der Schweiz Bücher nach Prag oder nach Budapest schicken. Von dort also, wo Freunde von mir in Verlagen saßen, kamen die Bücher dann mit dem Messegepäck zur Leipziger Buchmesse, denn das Messegut aus sozialistischen Bruderstaaten wurde nicht kontrolliert. Dass dort Bücher lagerten, die aus Feindesland kamen, das wussten weder Zoll noch Staatssicherheit.

Und ich konnte jedes Jahr im Frühjahr und Herbst gefüllte Büchertaschen aus dem Messehaus am Markt in Leipzig davonschleppen. Bis eines Tages zwei Herren erschienen, die mich hochnotpeinlich befragten. Offensichtlich hatten sie meinen Kollegen aus der Tschechoslowakei und Ungarn die Bücher abgenommen, die nicht zu deren Verlagsprogramm gehörten. Ich spielte hier das Stück: Mein Name ist Hase, ich weiß von nichts. Erst nachdem ich nach der Wende 1989 die neunhundert Seiten meiner Stasi-Akte lesen konnte, fand ich die Ursache jener Ereignisse: Ein guter Freund von mir, dem ich von diesen geheimen Wegen erzählt hatte, hatte die Nachrichten an die Stasi-Offiziere weitergegeben. Nun ja, er hatte sich freilich dabei selbst ein Bein gestellt. Denn da ich keine Bücher mehr bekam, konnte er sie von mir nicht borgen. Aber ich hatte schon bald neue Quellen gefunden, um »westliche Druckerzeugnisse« einzuführen, denn Bücherliebhaberei macht erfinderisch, noch dazu in solchen Zeiten.

Doch ich wollte ja von meinem Bürgermeister erzählen, der als Büchersammler zwei Felder beackert: Einmal sammelt er Regionalia, also Bücher über das Erzgebirge, von Autoren dieser Landschaft. Da hat er manche Seltenheit gefunden, etwa die hundert Hefte eines Kolportageschreibers Guido von Fels über den erzgebirgischen Volkshelden Karl Stülpner. Und sein anderes Sammelgebiet betrifft Karl May & Gesellen. Das ist, ich kenne es aus eigener Erfahrung, stark vermintes Gelände. Hier sitzen die wirklichen Spezialisten, die ebenso über den Mageninhalt ihres Idols lange Abhandlungen verfassen wie über Konsistenz der Mauern von Gefängnissen, in denen sich ja der wirkliche Old Shatterhand länger aufhielt als im Wilden Westen. Als Sammler muss man sich nicht in diese Gemeinden einfügen. Man sammelt, liest an Sekundärliteratur, was man für nötig hält, bei Karl May braucht man unbedingt die gut ausgestattete Bibliografie von Hainer Plaul. Uwe Schneider ist ein Sammler, kein Gemeindemitglied. Dazu hat er Möllhausen und Gerstäcker in den Regalen und manches andere auch. Er ist, ich sagte es schon, seit 1990 Bürgermeister unserer alten Bergstadt, und er hat bei Wahlen Traumergebnisse, die an die DDR erinnern. Er hat drei Bücher in Mundart geschrieben, Kindheits- und Jugendgeschichten, das will er später fortsetzen. Aber momentan muss er Aktenstücke lesen und schreiben, er hat etliche benachbarte Dörfer eingemeindet, er kümmert sich um Feste aller Art und um Straßenbau auch. Er ist, man kann es ganz einfach sagen, beliebt bei seinen Leuten.

Nun, wir haben manche Büchergespräche miteinander, und ich kenne ein paar Geschichten, die mit seinen Bücherinteressen zusammenhängen. Jedes Jahr fährt er für vierzehn Tage nach Kroatien. Er nimmt genau so viele Bücher mit, wie der Urlaub Tage hat, setzt sich morgens vor das Zelt, liest und liest, bis er am Abend sein Pensum beendet. Vor drei oder vier Jahren, auf einer solchen Sommerreise, machte er in Bratislava Halt. Dort kennt er, wie auch in anderen Städten an seiner Reiseroute, natürlich die Antiquariate. Also schneller Halt, hinein ins Geschäft, wo man ihm sagt, dass die deutschsprachigen Bücher neuerdings in einer Filiale verkauft werden. Also heraus aus dem Geschäft, verwunderte Frage an die Frau: Hatten wir nicht unser Auto hier abgestellt? Ja, das hatten sie, nur war es nicht mehr da. Die Odyssee, die auf den Diebstahl vor dem Antiquariat folgte, sie ist schon eine andere Geschichte. Er hatte an diesem Tag jedenfalls keine Bücher gekauft und ein Auto verloren. Übrigens, wir haben eine schöne Stadtbibliothek, also was dem Bürgermeister recht ist, ist seinen Mitbürgern billig.

Das Beispiel zeigt, dass Büchersammler durchaus keine weltfremden Gesellen sind, dass sie vielmehr mitten im Leben stehen, wie man so schön sagt. Darf ich noch einen Sammler oder sagen wir besser ein Sammler-Ehepaar vorstellen? Denn auch für diese Leidenschaft gilt, dass jedes Beispiel besser ist als noch so schöne Theorie, die es natürlich gleichfalls gibt. Und wir Büchersammler interessieren uns immer für die Neigungen anderer Kombattanten. Da sitzt im niedersächsischen Wolfsburg ein Lungenarzt mit seiner Frau, und beide sind sie eifrige Sammler. Mittlerweile ist der Arzt Pensionär und im neunten Lebensjahrzehnt, und seine Frau, die vor kurzem achtzig Jahre alt wurde, trägt ihre Behinderung mit sehr viel Mut, denn sie sitzt seit etlichen Jahren im Rollstuhl. Beide haben, nachdem ihnen das Reisen nicht mehr möglich ist, neben der Musik Vergnügen an ihren Büchersammlungen.

Elisabeth sammelt die Insel-Bücherei, und eben in diesem Feld gibt es etliche andere Mitsammlerinnen. Die Idee zu einem Reprint des berühmten Bandes 313(2) hatte Elke Lipp, eine Sammlerin aus Ober-Ramstadt. Freilich, die Bibliomanie, die manche Männer befällt, sie ist als Krankheit bei Frauen wohl unbekannt.

Aber zurück zu Fleischers Insel-Sammlung. Ganz vollständig ist die Sammlung noch nicht, es fehlen fünf oder sechs Bände, aber meinen Freunden geht es wie mir, man scheut sich, für einen kleinen Band fünftausend Euro oder vermutlich noch mehr auszugeben, wie es bei Hauswedell & Nolte auf der Auktion 367 als Schätzpreis für den berühmten Band der Barockgedichte zu lesen war, den man im Katalog »die blaue Mauritius der Insel-Bücherei« nannte. Man sammelt bei Fleischers nicht nur Insel, sondern auch Pressendrucke, schöne Faksimileausgaben, und die Spezialität des Hausherrn ist seine Münchhausen-Sammlung. Wie sie dazu kamen? Die beiden Leutchen wissen es nicht mehr so recht. In einem Brief erzählen sie von den Beweggründen: War es die etwas abenteuerliche Geschichte der Münchhausen-Ausgaben, waren es die vielen schönen illustrierten Ausgaben? Nun, eines Tages hatte man Gelegenheit, einen Sammlungsteil auf einer Auktion zu erwerben, vierundneunzig Titel aus den Jahren 1810 bis in die siebziger Jahre des 20. Jahrhunderts. Allein im deutschsprachigen Raum gibt es rund hundertneunzig Verlage, die sich mit Münchhausen beschäftigten, in England sind es mehr als hundert Ausgaben. »Zwischenzeitlich haben wir wohl in Deutschland die größte Privatsammlung«, schreibt mir Elisabeth. Man konnte sogar dem Münchhausen-Museum in Bodenwerder etliche Duplikate verkaufen. Und ausgestellt wurde ein Teil der Schätze in Berlin und Göttingen. Ja, sie besitzen jetzt mehr als dreihundert Titel, und manchmal kommt noch etwas dazu. Übrigens, Eberhard Fleischer hat ein schönes Exlibris, da wird Münchhausen nicht vom Federvieh, sondern von Büchern in den Himmel gezogen. Das ist wohl der fromme Wunsch aller Bibliophilen. Die beiden alten Leute in ihrem Haus in der Sterntalerstraße in Wolfsburg (notabene: Büchersammler müssen in Straßen leben, die literarische Hintergründe haben), sie haben ja viele schöne Sterntaler: Bücher.

## *Erlebnisse in Antiquariaten*

Herr Stopp war ein dünner, großer Mann, der immer ein bisschen gebückt ging. Nur selten stand er aufrecht, etwa wenn er sich reckte, um ein Buch aus einem hoch gelegenen Regalfach herabzuholen. Die Staubwolke, die dann durch den Laden fuhr, war eine der wenigen Gelegenheiten, da ich ihn lächeln sah. Herr Stopp war der Besitzer eines kleinen Antiquariats, wenn ich es recht bedenke, eines der merkwürdigsten, die ich je betreten habe. Nicht allein Neigung, sondern Not war der Grund, weshalb ich den lang gestreckten Ladenraum mit nur einem Schaufenster zum ersten Mal betrat. Ich kam zufällig an Stopps Geschäft vorbei, Großvater hatte mich mit in die kleine erzgebirgische Kreisstadt genommen, ich war ein Junge von vierzehn Jahren. Im Schaufenster sah ich akkurat ausgelegte Bücher. Nicht viele, vielleicht nur sechs oder acht, die sich auf der weiten Fläche verloren, aber sie trugen so anziehende Titel wie ›Anleitung zum Aufbau einer Schmetterlingssammlung‹, ›Die Libellen Sachsens‹ oder ›Gartenbuch für Anfänger‹. Damals, wenige Jahre nach dem Zweiten Weltkrieg, gab es diese Bücher nicht, die ich gern in meiner kleinen Bibliothek gesehen hätte, welche meinen Aufstieg in die Naturwissenschaft befördern sollte. Ich hatte etliche Fachblätter abonniert, ›Urania‹, ›Beiträge zur Vogelkunde‹, auch ein für mich dank seines Fachjargons völlig unverständliches ›Journal der Säugetierforschung‹. Meine Lehrer erstaunte es sehr, dass ich mich in diese Höhen vorwagte. Ich besaß Fersmans ›Verständliche Mineralogie‹ und allerlei andere Schriften, die ich bei Streifzügen durch Wald und Flur mitschleppte. Hier sah ich also im Schaufenster ein paar echte praktische Anleitungen. So stieg ich denn die wenigen Stufen hinauf, öffnete die Tür und stand vor dem Ladentisch, hinter dem Herr Stopp lehnte und in ein Büchlein schrieb. In den weitläufigen Regalen, die Platz für viele hundert Bücher geboten hätten, verloren sich aber nur wenige Bände. Ob es immer dieselben waren, ich weiß es nicht. Ich kaufte auch bei meinen folgenden Besuchen, die in den nächsten Jahren erfolgten, nur selten etwas aus den verstaubten Beständen. Meine Interessen wandelten sich, aus dem Naturforscher wurde ein Literat. Ich trug sogar etliche der Bestimmungsbücher hierher, um sie gegen Ernst Moritz Arndts ›Gesammelte Werke‹ einzutauschen. Stopp wusste also, was ich suchte. Und wenn ich kam, nahm er seine alte Aktentasche, legte sie auf den Ladentisch, öffnete die beiden Riemen und zog dann einige Bände hervor: Wilhelm Bölsches Auswahl aus Wielands Werken, einen dreibändigen Gutzkow, auch Heinrich Laube und Gustav Freytag kamen so in meine Regale. Jeder Kauf war freilich eine seltsame Situation: Herr Stopp hoffte, ich würde kaufen, denn er brauchte das Geld. Im Winter wurde der Laden nie geheizt. Stopp und seine dickliche Frau, die ihn immer ein wenig abschätzig ansah, er war in ihren Augen wohl ein Versager, sie trugen abgewetzte Wintermäntel, und Stopp hatte sich zwei Ärmelschoner übergeschoben, wie sie Beamte früher trugen. So hoffte er also, ich würde kaufen, denn ich war sicher einer der wenigen Kunden, die regelmäßig ein paar Mark in die Kasse brachten. Aber er hoffte gleichzeitig, dass ich nicht kaufte, denn es waren seine privaten Bestände, die er hier Stück für Stück auf den Ladentisch legte. Zärtlich strich er mit seinen schmalen Händen über die Einbände, es war ein Abschied für immer. Ob ich nun kaufte oder nicht, für Stopp war es eine Niederlage. Später habe ich manche Brüder im Geiste unter den Antiquaren getroffen, die nicht gerne die Bücher ihres Ladens verkauften, weil sie eben selbst Liebhaber waren. Stopps Antiquariat gibt es schon lange nicht mehr. Eines Tages blieb die Tür geschlossen, die vergilbenden Bände lagen noch ein paar Wochen im Schaufenster, dann waren auch sie verschwunden, Stopp war verzogen, gestorben, ich weiß es nicht.

Die Antiquare, die Antiquariate. Wir Büchersammler können nicht ohne sie leben und sie nicht ohne uns. Und wir alle können etliche Geschichten erzählen, vom »Vergnügen in Büchern zu stöbern«, das hat Karl Marx mal in einem Fragebogen geschrieben, als man ihn nach seiner Lieblingsbeschäftigung befragte. In diesem Sinne sind wir alle Marxisten. Natürlich hofft jeder Sammler bei solcher Stöberei auf den großen Fund, und manchmal hat man Glück. Einmal fand ich im Wühlkasten die Erstausgabe von Hermann Hesses ›Knulp‹ für eine Mark. Der Antiquar hatte wohl nicht gewusst und nicht nachgeschlagen, dass dieses unscheinbare Pappbändchen die Erstausgabe war. Doch wir suchen ja nicht zuerst und vor allem den materiellen Gewinn. Es ist das Vergnügen, ein Buch in die Hand zu nehmen, das zu des Dichters Lebzeiten erschienen ist. Nie sollte man unvollständige Gesamtausgaben erwerben, die restlichen Bände sind selten genug aufzutreiben. Ich kaufte ein paar Bände von Paul Rillas Lessing, zehnbändig im Aufbau Verlag erschienen, irgendwo fand ich drei weitere, aber seither stockte die Zufuhr, zwei Bände fehlten mir noch, es vergingen Jahre. Nun sah ich in einem Antiquariat die vollständige Ausgabe, sie kostete hundert DM. Ich kaufte sie und schenkte dem

Antiquar die überzähligen Bände, vielleicht gab es noch einen Sammler, der sie brauchte.

Ach ja, Glück und Unglück, das liegt bei Antiquariatsgängen eng beieinander. Als ich im alten Dresdner Antiquariat an der Bautzener Straße gerade mit Vergnügen die erste Gesamtausgabe von Jean Paul, bei Reimer erschienen, erwarb und mir die Bände eingepackt wurden, ging die Tür auf und herein trat der Schriftsteller Franz Fühmann. Wir kannten uns, und er nahm einen Band auf und erbleichte: »Diese Ausgabe suche ich schon lange.« Ich zögerte ein bisschen, dann sagte ich: »Gut, dann soll sie Ihnen gehören«, aber Fühmann war ein außerordentlich höflicher Mensch. Wir stritten noch eine ganze Weile, wer nun der Besitzer sein sollte, aber er gestattete es nicht, dass ich ihm die Ausgabe überließ. Seither steht sie also bei mir. Dass mir die schöne Balzac-Ausgabe des Rowohlt Verlages in den blauen Leinenbänden entging, habe ich schon erzählt. In Wien habe ich dann zwei Bände des Rowohlt-Balzac entdeckt, die es ja auch in einer rotledernen Vorzugsedition gab. Sie wurden erworben und gehören nun zur Sammlung der Balzac-Bände.

Eines der schönsten deutschen Antiquariate liegt in der Lüneburger Heide. Dort, in Arno Schmidts Bargfeld, hat Hermann Wiedenroth sein Antiquariat »Das Bücherhaus«. Es ist wahrlich ein nobles Bücherhaus, freilich schwer zu finden. Man muss sich vom Hausherrn den Weg in die völlige Einsamkeit erklären lassen. Übrigens hat dieses Haus seine literarische Geschichte: Arno Schmidt, der 1958 aus Darmstadt nach Bargfeld gezogen war, hatte in dem Schuldirektor Wilhelm Michels einen frühen mäzenatischen Freund, von dem er sich gelegentlich ganz direkt einen Eimer Marmelade, mehrere Büchsen Nescafé oder andere Lebensmittel erbat. Um es kurz zu machen, wer die Beziehungen zwischen den beiden ungleichen Geistern genauer kennen lernen will, der kann den Briefwechsel zwischen Michels und Schmidt lesen, eine zeit- und literaturgeschichtlich interessante Lektüre. Wilhelm Michels jedenfalls, er zog nach seiner Pensionierung in das so genannte »Papageienhaus« am Rande von Bargfeld, um dem Freund nahe zu sein. Er ließ einen großen Büchersaal anbauen, aber seine Nähe zu Schmidt, die im freundschaftlichen Sinne aus der Ferne so gut funktioniert hatte, sie war nun von kurzer Dauer: Als er ein, zwei Jahre in Bargfeld lebte, zog sich Schmidt wie eine Schnecke in sein Haus zurück, plötzlich fand er Michels »frech« und brach jeglichen Verkehr mit ihm ab. Nach Michels' Tod stand das Haus leer. Da entdeckte es Hermann Wiedenroth und zog mit seinem Antiquariat hierher. Michels Bibliotheksraum ist nun Wiedenroths Antiquariat: Ein Flügel steht mitten im Raum, man veranstaltet gelegentlich Konzerte, und ringsum gibt es hohe Bücherwände. Wiedenroth ist ein Ästhet, alles ist bestens geordnet, kein Lesebändchen guckt über ein Regalbrett. Und natürlich lebt man nicht ungestraft in Bargfeld: Viele Ausgaben von Arno Schmidt, auch den Umkreis pflegt er: Eberhard Schlotter etwa, und da er das Geschäft eines Klein-Verlegers betreibt, hat er Bände des Poeten Peter Horst Neumann und vor allem die historisch-kritische Ausgabe von Karl May im Verlagsprogramm. Er ist Herausgeber dieser Ausgabe, aber wie so oft bei Karl May und seinen Editionen musste auch er etliche Fährnisse bestehen, Mitherausgeber Wollschläger kam ihm abhanden, doch Wiedenroth hat das rechte Naturell für langfristige Unternehmungen.

Es ist gefährlich hierher zu kommen. Das Budget, das man sich für den Einkauf bewilligt hat, es wird meistens überschritten. Als ich das erste Mal Wiedenroth in Bargfeld besuchte, übrigens muss man sich unbedingt telefonisch anmelden, da stand ich vor dem verschlossenen Bücherhaus. Eine Stunde später kam er an, die Postfrau war ihm im benachbarten Eldingen an seinen kleinen Fiat gefahren. Als ich darin einen Racheakt für schwere Bücherpakete vermutete, wehrte er lächelnd ab. Dann schritt ich also durchs Bücherhaus, wählte den Raubdruck von ›Zettels Traum‹, den ich schon lange suchte, legte eine Briefausgabe von Rahel Varnhagen dazu, und meine Frau guckte schon ein bisschen ungeduldig. Wiedenroth fragte nach besonderen Wünschen, und ich sagte, dass ich die historisch-kritische Ausgabe von Wilhelm Raabe suchte. Wiedenroth meinte: »Da haben Sie Glück, gestern habe ich sie bekommen, alle sechsundzwanzig Bände.« Tausendzweihundert DM, nicht wenig Geld, aber für den Raabe nicht zu viel. Nur, da lag ja schon etliches auf dem Tisch. Ich sagte also: »Kann ich mir das überlegen, zwei, drei Tage, ich rufe Sie an.« Ich schaute dabei auf meine Frau, die auf die sechsundzwanzig Bände guckte und wohl mehr an Bücherstaub dachte als an Bücherglück. Wiedenroth, ein bisschen verwirrt ob meiner Frage, sagte: »Was ist denn das Problem? Wollen Sie ein längeres Zahlungsziel, Ratenzahlung?« – »Nein«, sagte ich, »das ist nicht das Problem, meine Frau ist das Problem.« Wir lachten alle, und meine Frau nahm es hin, dass uns wieder etliche Bücher ins Haus kamen. So bin ich noch oft bei Wiedenroth gewesen, habe manchmal nur ein, zwei Bücher gekauft, manchmal auch ein bisschen mehr. Und dann haben wir in der Küche einen Kaffee getrunken und die Bücherwelt beschwatzt.

Reisen haben für Bücherfreunde ihren tieferen Sinn, wenn die Route eines oder besser noch mehrere Antiquariate kreuzt. Als wir in Husum Theodor Storm besuchten und uns wunderten, was er doch für ein großes Haus besessen hatte, da kamen wir ein paar Schritte weiter an ein anderes Haus, das Husumer Antiquariat, da ist ein Bücherraum, so schmal, dass man ihn nur nach längeren Diätpausen besichtigen kann. Ich wunderte mich, dass hier so manche alte rororo-Bände standen. Als ich das meinem Freund Bernd Jentzsch erzählte, klärte er mich auf, dass in einem benachbarten Ort viele der ersten deutschen Taschenbücher gedruckt worden waren, und etliche Restbestände landeten in der Husumer Wasserreihe. Ach ja, Antiquare sind natürlich Bücherliebhaber. Obwohl ich immer wieder mal begehrlich bei Hermann Wiedenroth auf seine Arbeitsbibliothek gucke, in der auch die Allgemeine Deutsche Biografie steht, er lässt sich nicht erweichen. Da hatte ich mehr Glück in der Schweiz. In Zürich, in der noblen Rämistraße, hat Armin Trösch ein kleines Antiquariatslokal. Es ist eine rechte Wühlkiste. Überall auf Tischen, Treppen, Böden liegen Bücherstapel, aber Trösch weiß merkwürdigerweise, was er hat. Das scheinbare Durcheinander erweist sich schließlich als Ausläufer eines gezielt aufgebauten Unternehmens zur Musik- und Theaterliteratur. Trösch ist ein bescheidener Mann. Irgendwo zwischen den Bücherstapeln steht eine Büchse Nescafé, daneben ein Tauchsieder, das reicht wohl tagsüber. Als ich meinen Wunsch nach einer größeren Gotthelf-Ausgabe äußerte, schaute er mich nachdenklich an und meinte, er habe zu Hause eine schön gebundene Gesamtausgabe stehen. Und er war bereit, sie mir zu verkaufen. Also schloss er den Laden, stieg in mein Auto, und wir fuhren in die Wohnung, wo sich ein Regal mit edlen Lederausgaben schöner Bücher fand. Er verpackte den Gotthelf, und ich merkte, es fiel ihm nicht leicht.

In der Rämistraße, nur einige Schritte von Trösch entfernt, gab es das Antiquariat von Hellmut Schumann. Das war nun das direkte Gegenteil von der Wühlkiste Tröschs, eine Ausstellung von sehr schönen, sehr teuren Stücken. Wer hier einkaufte, der kann es sich auch leisten, seine Erwerbungen in der legendären »Kronenhalle« am Ende der Rämistraße zu feiern. Das Lokal ist eine Züricher Institution. Wer mehr davon wissen will, der muss sich Peter Schifferlis schon benanntes Buch über Jakob Hegner besorgen, das 1984 bei Arche erschienen ist. Es lohnt sich, dieses Buch zu lesen, und es lohnt sich ebenfalls, in die »Kronenhalle« einzukehren. Es gäbe noch manche Geschichte zu erzählen, mancher Antiquare zu gedenken, ihre Treue zu loben. Herr Heinemann aus Max Müllers Antiquariat in Chemnitz ist ein solcher Mann. Seiner Aufmerksamkeit, seinem Spürsinn danke ich es, dass mir nach und nach alle Bände der Buchreihe »Werte der Heimat« zuwuchsen, die man als Autor von Regionalliteratur eben besitzen muss. Hesse-Erstausgaben suchte er für mich und manches andere. Nun, da er in Pension gegangen ist, besuche ich das Antiquariat nicht mehr. Aber Heinemann fehlt mir, nicht nur als Büchersucher, auch als Gesprächspartner, denn er ist ein Musiker, der in einem Sinfonieorchester spielt, und ein Leser ist er auch. So selbstverständlich ist das nun wieder nicht. Ich kannte einen Antiquar, der las die Kataloge der Kollegen, die Preislisten, die Bibliografien. Ich bin fast sicher, dass er nie einen Roman las, kein Gedicht. Er war ein Händler mit edler Ware, aber ein Liebhaber war er nicht.

Da fällt mir eine Geschichte ein, die mir einst Werner Klemke erzählte. Damals gab es Unter den Linden in Berlin ein schönes Antiquariat, und Klemke sagte, der dortige Antiquar habe einmal in den sechziger Jahren seinem Lehrling beigebracht, wie man die drei großen Ostberliner Büchersammler unterscheiden könne: »Kommt einer mit dem Taxi vorgefahren, lässt das Taxi warten, sucht etwa fünfzig oder sechzig Bände aus den Regalen, schleppt sie ins Taxi, dann war der Käufer Prof. Dr. Jürgen Kuczynski, der schließlich samt einer Tabakswolke aus seiner Pfeife entschwindet. Kommt ein schlanker Mann mit einem Köfferchen, der trotz des Verbots unentwegt Zigaretten raucht, der aus den Regalen so zehn, zwölf Bände fischt und sie im Koffer verschwinden lässt, dann war das der berühmte Buchillustrator Prof. Werner Klemke. Und schließlich gibt es den König der Sammler, der raucht nicht, er kommt mit einer kleinen Ledermappe, sucht ein bisschen, und dann findet er zwei, drei Bücher, die die beiden anderen Großsammler übersehen haben und geht von dannen: Prof. Dr. Bruno Kaiser, der Weerth-Spezialist, der freilich noch andere, sehr schöne Sammelgebiete beackert.« So etwa soll es der Antiquar gesagt haben, aber da Werner Klemke das Anekdotische liebte, darf man annehmen, er hat diese Geschichte erfunden. Freilich, sie ist gut erfunden.

Nun könnte es so aussehen, als seien die Antiquare reine Himmelsboten. Manchmal sind sie dies für uns Sammler, aber manchmal sind sie auch die Gesellen des Teufels. Es gibt Betrüger unter ihnen, Gauner, nun ja, das Antiquariat ist ein Stück Leben. Ich hörte von einem, der trieb sich in den Geschäftsräumen eines Kollegen herum, bis eine alte Dame mit einer Büchertasche erschien. Er taxierte aus der Entfernung den Bestand, den sie anbot und zur genauen Schätzung hinterließ. Er fing sie vor der Ladentür ab, bot ihr an, ein Scheinchen mehr zu zahlen, was auch immer der Kollege bezahlen mochte. Witwen, alte Sammler, sie waren seine bevorzugte Klientel, die er aufsuchte und oft genug mit Kaufgeboten überrumpelte. Manchmal stößt ein Sammlerwunsch auf Unverständnis. Mancher Antiquar denkt nur in Mark und Pfennig, er muss in Mark und Pfennig denken, aber ein guter Antiquar ist eben, wie es Heribert Tenschert einmal sagte, ein Sammler auf Zeit. Da suchte etwa mein Freund seine Jugendbibliothek. Bei seinem Weggang aus der DDR hatte sie die Stasi vernichtet oder in alle Winde zerstreut. Diese Bibliothek, es waren nicht vor allem Wertstücke, aber für meinen Freund hatten sie Wert. Als er nun einem Antiquar seine Suchliste sandte, reagierte der überheblich, er könne nicht verstehen, wie man derartigen Kram suche. Der Antiquar war wohl ein Kenner von Preisen, kein Kenner von Menschen, sonst wäre ihm der Gedanke gekommen, dass da ein Stück verlorenen Lebens gesucht wurde. Denn unsere Bibliotheken, die wir aus Antiquariaten zusammengetragen haben, sind Stücke unseres Lebens, Lebensstücke.

## *Sternstunde bei Heribert Tenschert*

Ruhig fließt der Rhein. Die Straße wird zum Weg und führt aus dem Städtchen hinaus ins Freie. Das schmale Asphaltband hebt sich in Wiesen und Felder. Irgendwo dann stehen geduckt wie verwunschene Tiere mit mächtigen Leibern die alten Häuser, die in der Schweizer Karte als »Bibermühli« ausgewiesen werden. Hier also, nahe an Stein am Rhein, hat er sein Domizil. Hier lebt er mit seiner Familie – und mit den Bücherschätzen, die die weiten Räume füllen. Der Flüchtlingsjunge aus Schlesien, der in Bayern geboren wurde, ist heute der Besitzer des weltweit vielleicht schönsten und wertvollsten Antiquariats. Und vielleicht auch eines Anwesens, das man sich schöner nicht denken kann.

Irgendwann im schweizerischen Olten, im Wühlkasten einer Buchhandlung bin ich auf seinen Namen gestoßen. Da fand sich ein Band mit Briefen von Rudolf Borchardt, und als Verlagsname hieß es »Edition Tenschert bei Hanser«. Wer kommt heute noch auf die Idee, Briefe von Borchardt zu edieren? War das nicht ein unverbesserlicher Querulant, ein Schöngeist auch, der allerdings einige Texte geschrieben hat, die man nicht vergessen wird in der deutschen Literatur? Oder sind diese Zeilen vergessen, dieser Ton aus dem Beginn des 20. Jahrhunderts mit seinen Sehnsüchten und Traurigkeiten: »Was die Sterne mir vergönnen,/Dies Gewahren und dies Können,/Dieses Rühren an die Schranken …«, Sprachmusik. Lebensmusik. Aber das erfuhr ich erst später. Damals nahm ich den Band für zehn Franken mit, und seither wusste ich etwas von Borchardt und auch von Tenschert. Vielleicht waren es diese Gedanken, mit denen ich in die Bibermühle kam. Ich dachte an einen gelehrten Antiquar, an einen Liebhaber der Texte und der Bücher. An diesem späten Morgen also, einem kalten Apriltag, der einen Schneeflaum über die Wiesen geworfen hatte, war Gelegenheit, Heribert Tenschert zu treffen. Vom Tor, das sich bei unserer Ankunft öffnet, ein schmaler Weg, dann werden wir in die Remise geführt. Helles Eichenholz kontrastiert mit den alten Tonplatten aus Frankreich in der Halle des Erdgeschosses. Oben dann das Herz des Hauses. Ein lichter, weitläufiger Raum mit Regalen umbaut, gefüllt mit Büchern, eine Handbibliothek von dreißigtausend Bänden, irgendwo befinden sich die hundertzwanzigtausend Kataloge, die dieses Büchergehäuse so einzigartig in der Welt machen. Wir sitzen in alten Sesseln, der Hausherr hat sich einen Stuhl an den Tisch gezogen. Ich schaue auf das dunkle, schöne Parkett. »Das«, sagt Tenschert, »habe ich aus dem Rathaus von Schwyz.« Dann muss man erst einmal seine Überraschung verarbeiten. Man hatte ein Antiquariat erwartet. Sicherlich kostbare Bücherschätze, einen kundigen Händler, und nun das: eine Sternstunde.

Es ist eine fantastische Erfolgsgeschichte. Das Märchen vom armen Flüchtlingsjungen, der Bücher in die Hand nahm, die sich in pures Gold verwandelten. Ach nein, es ist alles ein bisschen anders. Heribert Tenschert, als Sohn einer böhmisch-schlesischen Flüchtlingsfamilie in der Waschküche des niederbayerischen Schlosses Mariakirchen bei Arnstorf geboren, ist studierter Romanist. In Freiburg war er Assistent bei Professor Erich Köhler, damals hat er seine Liebe zum französischen Mittelalter entdeckt, doch die geplante Dissertation kam nicht zustande. Irgendwann entschloss er sich, nicht auf der akademischen Karriereleiter zu klettern, vielleicht ein Leben lang. Der Raum war ihm zu eng, die Zwänge zu groß. Was sollte also werden? Eine Schriftstellerexistenz, Bücher über das Mittelalter? Aber das gab es schon zur Genüge. Er zählte also seine Lieben, wie man sagt, und es waren Bücher, eine Büchersammlung, die er in den Studienjahren zusammengebracht hatte, immerhin fünftausend Bände. Grundstock eines Antiquariats. 1977 erschien der erste Katalog. »Ich hatte Glück«, sagt er, und man möchte hinzufügen, das Glück kam zu ihm, dem Tüchtigen, dem Kundigen. Denn was da verkauft wurde, es war nicht irgendetwas. Schon als junger Sammler hatte er den Blick für die Qualitäten und Schönheiten des Buches. So fing es also an. Dann kaufte er seine erste Inkunabel, und damals wusste er wohl, dass dies seine Zukunft sein könnte. In Deutschland war in jener Zeit der Handel mit Handschriften und Inkunabeln kaum ein Thema, die englischen und amerikanischen Firmen beherrschten den Markt. Man bot Tenschert 1978 eine Privatbibliothek an für eine halbe Million DM. Da musste er zum ersten und einzigen Male seine Familie um eine Bürgschaft bitten. Und dann kam er zu Handschriften. Mittlerweile hat er mehr mittelalterliche Handschriften gesehen als irgendein anderer Händler oder Sammler. Er erzählt von diesen Anfängen, ruhig, nachdenklich, vielleicht mit ein wenig Stolz auf diese fünfundzwanzig Jahre, in denen er der bedeutendste Händler der Welt auf diesem Feld geworden ist. Auf die Frage nach seinen Kunden sagt er, und ein Lächeln fliegt über sein Gesicht: »Ich habe sie mir selbst geschaffen. Nein, nein, die großen Bibliotheken können sich heute derartige Schätze nicht mehr leisten, aber ich habe eine kleine Klientel von Privatsammlern, vielleicht zehn oder fünfzehn, die kaufen bei mir. Seit einiger Zeit verkaufe ich nur noch selten Einzelstücke, ich verkaufe Sammlungen. Was Sie hier sehen in den Räumen, es sind solche Sammlungen.«

Zum Zeitpunkt meines letzten Besuches ist der Katalog ›Horae B. M. V.‹ erschienen, hundertachtundfünfzig Stundenbuchdrucke der Sammlung Bibermühle. Drei Bände, 1348 Seiten mit ca. tausend Farbabbildungen, Subskriptionspreis für diese Bände sechshundertachtzig Euro. Für den Katalog, versteht sich. Den kann man sich leisten, als Sammler oder als Bibliothek. Seine Sammlung, die er zusammengebracht hat, ist wohl die größte Kollektion, die in Privathand existiert. Schon die Prospekte sind ein reines Vergnügen. Da sieht man die Regale mit den dunkelroten Bänden. Jedes einzelne Buch ist in ein Halbmaroquin-Etui eingelegt, das mit Samt und Seidenleinen gefüttert ist. Sein Buchbinder sitzt in Oxford, erwähnt er so nebenbei. Dann zieht er ein paar der Kassetten aus dem Regal, öffnet sie. Man sieht, dieser Mann ist nicht nur ein Kenner, ein Wissenschaftler, sondern auch ein Perfektionist. Es gibt unter diesen Pergamentdrucken und Inkunabeln keine fragmentarischen Stücke, keine »Mängelexemplare«, alles ist makellos. Tenschert meint: »Ja, in drei oder vier Bänden fehlt ein Blatt, aber ansonsten sehen Sie hier nur erstklassige Exemplare.«

Hundertachtundfünfzig Stundenbücher also, aus der Hochzeit des Stundenbuchdrucks, Glanzstücke auch der Einbandkunst. Vielleicht sind das Schönste hier die Farben, die Bilder, ihre Leuchtkraft, als wären sie gerade erst entstanden. Aber auch die Bilderzählungen lassen einen nicht los, diese Geschichten, eng begrenzt in der Thematik, aber weit gespannt in der künstlerischen Fantasie. Schon einmal hat Tenschert seine Liebe zum Stundenbuch gezeigt. Das Hauptwerk des Meisters von Antoine de Roche mit 334 Miniaturen, das ›Guémadeuc-Stundenbuch‹, hat er in einer vorzüglichen Faksimilieausgabe verlegt. Noch immer habe ich eines der Stundenbücher in der Hand. Was diese Sammlung kosten wird, wir können es nur erahnen. Heribert Tenschert führt uns dann in einen anderen Raum. Eine Bibliothek der französischen Literatur des 18. Jahrhunderts, ein Raum mit farbigen Lederrücken tapeziert. Sein erstes Antiquariat, das im bayrischen Rotthalmünster gegründet wurde, es hieß Thelem nach dem Kloster, das Gargantua aus Rabelais' berühmtem Roman dem Mönch als Gründung schenkte. Und eben in der Abtei Thelem gab es eine große Bibliothek »Vom Anatole-Turm bis zum Mesembrine zogen sich schöne hohe Galerien hin, die ganz mit Heldentaten aus dem Altertum, Historien und Beschreibungen der Erde ausgemalt waren«, heißt es da. Thelem ist eine Bücherwelt, aber sie ist nicht nur das, da galt auch das Gesetz: Tu was du willst. Viel später also hat einer das »Joch der Knechtschaft«, wie es im Roman heißt, abgeworfen. Über dem Tor von Thelem stand eine Inschrift, die beginnt: »Hier habt ihr nichts zu suchen, Gleisner, Heuchler,/ihr alten Mucker, Leisetreter, schnöden Meuchler,/ihr Schleicher, sammetpfodig, schiefrig und gemein,/hier könnt ihr nicht verweilen, noch geduldet sein ...«

Könnte das nicht über der Bibermühle stehen? Ach ja, der Rabelais ist schon ein Buch, das zu ihm gehört, denn auch anderswo ist da von Büchern die Rede, erinnern wir uns als Leser an die Aufzählung der Bücher aus der Bibliothek zu Sankt Victor? Und Abtei Thelem, das erinnert zugleich an eine schöne Buchreihe, die Georg Müller in den Jahren vor dem Ersten Weltkrieg herausbrachte. Doch genug der Abschweifungen: Noch immer sind wir hier in dieser anderen Abtei Bibermühle. Selbstverständlich ist unter den Bänden auch der Rabelais mit den Illustrationen von Gustave Doré. Natürlich wie immer bei Tenschert viele Unikate. Originalzeichnungen von Fragonard, Doré, weit über dreitausend Bände. Plötzlich sieht man sich nicht mehr am Beginn des 21. Jahrhunderts: Man steht in einer alten Bibliothek irgendwo in einem französischen Schloss, eine Bibliothek, die es freilich in dieser Vollständigkeit und Schönheit wohl nie gegeben hat. »Was die Sterne mir vergönnen,/Dies Gewahren und dies Können,/Dieses Rühren an die Schranken ...« Ja, vielleicht ist es das, dieses Rühren an Schranken. Tenschert ist ein Zauberer der Buchwelt, der an Schranken rührt. Noch einmal wird zusammengeführt, was längst in alle Welt zerstoben scheint. Wie ein Sammler ist er ein Bewahrer. Woher er seine Schätze bekommt? »Es wächst mir zu«, sagt er ganz einfach, »Privatleute wenden sich an mich, von Kollegen kaufe ich, auch auf Auktionen.« Wir gehen noch ein wenig durch das Haus, sehen die Bibelsammlung, die in Bearbeitung ist, auch hier wiederum Unikate, Rara und Rarissima. Irgendwann wird es einen Katalog davon geben, man wird die Sammlung bewundern können. Tenschert unterscheidet sich von anderen großen Sammlern oder Händlern, etwa von H. P. Kraus, durch die wissenschaftliche Akribie, mit der er seine Sammlungen beschreibt. Wir kommen auf das Buch des New Yorker Antiquars H. P. Kraus zu sprechen, in dem er von seinen Bücherjagden erzählt, auch davon, wie er zu einer Gutenberg-Bibel kam. Tenschert sagt: »Manches stimmt nicht in diesem Buch, aber lassen wir es, insgesamt ist es sehr lesenswert, tatsächlich eine ›Saga von kostbaren Büchern‹.« Ich habe Heribert Tenschert nicht gefragt, ob er irgendwann seine Saga schreiben wird. Aber sie existiert ja schon zu einem guten Teil in Katalogen, wie ›Leuchtendes Mittelalter‹ oder ›Illuminationen‹, die ja selbst Meisterwerke sind – und schöne Bücher ohnehin. Und eben auch Beschreibungen seiner Existenz. Es gibt etliche Mitarbeiter. Für die

Kataloge holt er sich Fachleute, obwohl er selbst einer ist. In einem Arbeitskabinett im Erdgeschoss sitzt ein Antiquar, Martin Cordes, der ebenso zur Mannschaft gehört wie Frau Dr. Ina Nettekoven, Hauptverfasserin des großen ›Horae‹-Katalogs, und natürlich verzichtet man in der Bibermühle nicht auf die technischen Möglichkeiten unserer Zeit. Für den dreibändigen Katalog der Stundenbücher gibt es eine CD-ROM, »auf diese Weise kann man in bibliothekarisch nicht mehr frei zugänglichen Büchern virtuell blättern und somit zu einer Vorstellung über das Zusammenspiel von Text, Bild und Bordürendekor gelangen«. Computer stehen in den Büros der Bibermühle, doch es gibt eine strenge Trennung zu den Bücherräumen. Hier wie in seinem weitläufigen Arbeitskabinett haben diese technischen Hilfsmittel nichts zu suchen. Da steht ein alter Tisch, belegt nur mit wenigen Papieren, im Hintergrund ein Schrank, der besonders schöne Bücherschätze beherbergt. Und für den Hausherrn immer der Blick auf die Fensterreihe. Dort unten hinter der Wiese, die sich langsam begrünt, fließt der Rhein. Einmal kommt seine Frau, auch sie studierte Germanistin, lässig in Jeans und Bluse gekleidet. Tenschert dagegen im dunklen Sakko mit Krawatte, ein Edelmann, ein Edelmann der Bücher. Irgendwo in dem Haus gibt es einen Tresor, er ist begehbar. Wir haben ihn nicht gesehen, dort ist so etwas wie das geheime Zentrum der Abtei Thelem am Rhein. Irgendwann, hoffe ich, werde ich eingeladen, das zu sehen.

Man kann bei Tenschert nicht einfach an die Tür klopfen. Hier wird gearbeitet, hier ist kein Museum, der ernsthafte Interessent meldet sich an. Im Erdgeschoss gibt es einen Raum, der etliches zeigt, was aus den Anfängen seiner Antiquariatszeit herrührt, Buchkunst des 20. Jahrhunderts vor allem. Tenschert sagt: »Das sammle ich nicht mehr, aber der

Raum hat so eine schöne Atmosphäre.« Da liegen auch die Bücher, die in der Bibermühle selber ediert wurden, etwa Ludwig Sterners Handschrift der Burgunderkriegschronik, ein Teilfaksimile. »In der Vorzugsausgabe im handgebundenen Schweinslederband über Holzdeckeln mit den blindgeprägten Stempeln des Originalbandes«, heißt es dazu im Katalog. Heute gibt es leider etliche Unternehmen, die so genannte Faksimile produzieren, aber es an Sorgfalt fehlen lassen. Bei Tenschert herrscht auch hier Perfektion. Das sind Nebenfelder, die gelegentlich beackert werden. Ach ja, von Borchardt wollten wir noch erzählen. Ist das nun eine schöne Nebensache oder doch ein Herzstück? Tenschert erzählt, dass er als Student auf einige Gedichte Borchardts gestoßen war, der Ton hatte ihn berührt. Nun hätte er gern eine große Ausgabe dieses Autors veranstaltet, aber die Rechtssituation ließ es nicht zu. Marbach hatte die Finger im Spiel. Er ist nicht mehr gut zu sprechen auf die Groß-Archivare, und vielleicht hat er Recht mit seiner Kritik. Er hat seine Erfahrungen gemacht. Auch mit der Erschließung des Borchardt-Nachlasses hat man ihn hingehalten. Nun hat er begonnen, die Briefe Borchardts zu publizieren. Prof. Gerhard Schuster sitzt in Rotthalmünster und ediert diese Ausgabe. Es wird ausführliche Kommentarbände geben, was anders sollte man auch erwarten. Der wichtige Briefwechsel mit Rudolf Alexander Schröder, 2001 in zwei Bänden erschienen, hat für Aufsehen gesorgt und für Aufmerksamkeit. Martin Walser publizierte in der ›FAZ‹ einen großen Essay darüber.

Walser ist ein Freund von Tenschert, »mein einziger Freund«, sagt er. Er wohnt nur ein paar Kilometer entfernt in Überlingen am Bodensee. Als der Schriftsteller vor Jahren ein seltenes Buch suchte, kam er zu Tenschert. Daraus wuchs Vertrauen, Freundschaft. Irgendwann einmal wird Walsers

Nachlass in die Bibermühle gehen, die Tagebücher, die bisher noch keiner kennt. Das Glück kommt zu den Tüchtigen. Auch die Bibermühle kam zu ihm. Sie stammt aus dem Jahre 1716, sie hat mancherlei Besitzer gesehen, war einmal Sitz einer Lampenfirma und gar der schweizerischen Spionageabwehr. Schon aus Tenscherts erstem Katalog ging ein Buch in die Bibermühle. Dort saß ein Sammler, und damals hatte Tenschert noch nicht geahnt, dass dieses Anwesen später einmal sein Eigentum werden würde. Nach mancherlei Querelen konnte er die Bibermühle 1992 kaufen, er zog in das Haus, das Albert Sulzer aus Winterthur 1919 hatte bauen lassen. Der Architekt Peter Wiedemeier aus Pfäffikon sanierte nicht nur Herren- und Mühlenhaus, sondern baute auch die Remise um, die nun das Glanzstück des Gebäudeensembles ist. Irgendwann verabschieden wir uns, Heribert Tenschert, ein Gentleman, bringt uns bis ans Auto. Als wir hierher fuhren, sagte meine Frau: »Du willst hoffentlich nicht schon wieder etwas kaufen.« Nun sage ich zu Tenschert: »Also, wenn ich einmal im Lotto gewinne, da kann ich Ihr Kunde sein.« – »Ja«, sagt er lächelnd, »aber das braucht es wohl nicht.« Freilich, auch als Sammler muss man mit dem Verzicht leben. Tenschert spricht von seinen Beständen als von einer Bibliothek auf Abruf. Wo werden die Stundenbücher demnächst ihren neuen Standort finden, die Bibeln, die Bibliothek des 18. Jahrhunderts? Wir wissen es nicht, aber solange sie noch in der Bibermühle stehen, gibt es die Sternstunde ihrer Besichtigung.

# *Wie man zu Büchern kommt*

Büchersammlungen können auf sehr verschiedene Weise entstehen: Die siebzigtausendbändige Bibliothek des 1997 verstorbenen Wirtschaftsprofessors Jürgen Kuczynski war eine seit sechs Generationen gewachsene Bücherei: Der Ururgroßvater kaufte die gerade erschienenen Erstausgaben von Kant, der wie er in Königsberg lebte. Sein Sohn, Leibarzt des Zaren, sammelte Werke zur Medizin. Später bereicherte dann der Sozialstatistiker Robert René Kuczynski die Familienbibliothek. Dann führte Jürgen Kuczynski neben den Massen an wirtschaftswissenschaftlicher Literatur der Büchersammlung auch noch Kriminalromane zu. Er kaufte nach Brechts Tod die Krimis des Meisters für seine Sammlung. Sein Sohn, der Historiker Professor Thomas Kuczynski, sammelt weiter, wenngleich er den Hauptteil der Generationen-Bibliothek vor kurzem der Zentral- und Landesbibliothek von Berlin verkaufte.

Wer keine solchen Vorfahren hat, der beginnt, wie jeder andere Bücherfreund, mit dem Kauf von Büchern in einer Buchhandlung. Oder noch ein bisschen früher? Mit den Beständen, die man in der eigenen Familie vorfindet? Da sah es bei mir nicht allzu gut aus. Es fand sich ein Roman von Fontane, es gab etliche dicke Kataloge des Klempnergroßhandels und ein Buch ›Lübeck in Wort und Bild‹. Seither ist mir das Holstentor in der Stadt, die ich bisher nie in der Realität gesehen habe, ein Begriff. Zu meinem frühen Bücherleben gehören aber auch die Besuche zweier alter Leutchen aus der feineren Gesellschaft von Chemnitz, die jährlich einmal meine Großeltern heimsuchten. Sie waren verarmt und zudem noch ausgebombt. Sie brachten mir immer als ein Geschenk ein Buch mit, etwa das ›Kleine Max-Jungnickel-Büchlein‹, oder ›Michael Cibula‹« von Richard Voß und ähnlich unlesbare Bände. Ich muss irgendwoher eine starke genetische Grundlage für das Büchersammeln gehabt haben, dass ich trotz dieser jährlich wiederkehrenden Enttäuschungen mit unlesbaren und langweiligen Büchern doch dabei blieb. Und so begann wohl mein Bücherleben vor allem mit dem Besuch von Buchhandlungen. Ich wusste damals nicht, dass ich dann viele Jahre später selbst ein Buchhändler und Verleger werden würde. Doch was sollte schon sonst aus mir werden?

Übrigens ist es eine falsche Auffassung, dass man in den Neuerscheinungen nichts für Sammelfreuden finden könnte. Man muss nicht darauf warten, dass neue Bücher alte Bücher geworden sind. Ich habe schon mehrfach darauf verwiesen, es gibt da etliche Sammelreize. Heute noch verlegte Buchreihen sind ein beliebtes Sammlerterrain. Aber vor allem sammelt man natürlich ältere Reihen. Wallenstein-Verleger Thedel von Wallmoden beispielsweise sammelt die berühmte Bibliothek Schocken, die in den dreißiger Jahren des vergangenen Jahrhunderts im Schocken Verlag Berlin erschien, ehe man den jüdischen Kaufmann und Verleger aus Deutschland vertrieb. Übrigens hat Schocken das erste Kaufhaus seines Imperiums im sächsischen Zwickau eröffnet. Dort auch begann er mit einer Goethe-Auswahl seine Buchherausgaben. Auf andere Reihen habe ich schon verwiesen, Insel-Bücherei und Österreichische Bibliothek, zwei Reihen, die viele Freunde gefunden haben.

Es gibt manchen Sammler, der aus den großen Taschenbuchverlagen bestimmte Titel sammelt, die ersten hundert rororo beispielsweise oder die rororo-thriller, die ›Augenzeugenberichte‹ oder die Klassiker von dtv.

In der DDR wurde die schöne Lyrikbibliothek ›Weiße Reihe‹ des Verlages Volk und Welt gesammelt und die Hefte des ›Poesiealbums‹. Es gibt Sammler, die die Editionen eines ganzen Verlages sammeln, etwa die Bücher des Malik-Verlages, den Wieland Herzfelde in den zwanziger Jahren betrieb, und dessen Bücher zumeist von seinem Bruder John Heartfield ausgestattet wurden.

Aber wir schweifen ab: Woher bekommt man seine Bücher? Eine gute Quelle sind die Ramschkästen der Buchhandlungen. Was dort landet, ist oft keine schlechte Literatur, sondern nicht selten das Gegenteil. Auf die Schweizer Brockenhäuser habe ich schon verwiesen, sie sind unerschöpfliche Quellen für den Büchersammler – und übrigens auch für Antiquare. Hier wird nicht nach dem Wert eines Buches ausgepreist, sondern nach Umfang und Ausstattung. Auch bei Haushaltsauflösungen, von denen man in den einschlägigen Zeitungen liest, findet sich oft Buch-Ware. Manchmal sitzen aber Erben am Tisch, die aus dem Erscheinungsjahr des Buches seinen heutigen Preis abzuleiten suchen. Bei solchen »Experten« nimmt man seinen Hut, falls man einen hat, und verlässt das Unternehmen. Auch die oftmals beschriebenen verstaubten Kisten auf den Dachböden alter Häuser sind eine Fundstelle. Als vor vielen, vielen Jahren zwei alte Damen ihre Wohnung im Postamt unseres Städtchens verließen, verwiesen sie mich auf zwei Kisten, die auf dem Dachboden standen. Kitsch und Ramsch und Müll, und dabei das Buch ›Fabeln und Erzählungen‹ von C.F. Gellert, erschienen bei Johann Wendlern, 1748 in Leipzig. Eine schöne Halblederausgabe mit marmoriertem Überzugpapier des in Hainichen geborenen Fabel-Schreibers. Keine Erstausgabe, aber immerhin eine gut erhaltene zweite Auflage. Es hatte sich also gelohnt, die alten Kisten zu durchmustern. Eine Lehrerswitwe bot mir die Bücher ihres verstorbenen Gatten an, ein ganzes Imperium von Gerhart Hauptmann. Dabei war ein Band in Leder auf Bütten, Liebhaberausgabe in dreihundert Exemplaren und vor allem mit einem signierten Foto des Dichterhauptes und einer gleichfalls signierten Zeichnung von Emil Orlik.

Ein weit gespanntes Revier für Sammler sind die Trödelmärkte, wo sich zwischen alten Kaffeetassen und Bilderrahmen Gedrucktes findet. Die Ausbeute ist zumeist – nach meiner Erfahrung – gering. Man sieht unvollständige Ausgaben, oftmals sehr lädierte Bücher und nur selten findet sich etwas Besonderes. Auch hier existiert vor allem der Wahn, dass jedes zerfetzte Buch aus dem 19. Jahrhundert so etwas wie ein Wertstück ist. Wer alte Kolportagehefte aus dem Anfang des 20. Jahrhunderts sucht, wird hier manchmal fündig: Sun Koh, Percy Stuart u. a. findet man in Einzelheften. Percy Stuart, der Held des Excentric Clubs – das war für mein Knabenleben etwas Wunderbares. Der gute Percy Stuart wollte Mitglied des Excentric Clubs werden, aber der böse Mac Hollister wusste das zu verhindern, es sei denn, Percy schaffte es, hundertsiebenundneunzig Mutproben zu bestehen. Da gab es also für jede Mutprobe ein Heft, und als er hundertsechsundneunzig geschafft hatte, machte doch dieser Mac Hollister uns Lesern die Freude, dass Percy nochmals hundertsiebenundneunzig Abenteuer zu bestehen hatte. Ich weiß nicht, wie viele Hefte ich damals mit elf oder zwölf Jahren las, der Vater eines Freundes besaß mehrere Schuhkartons voll. Leider habe ich seither nur ein paar Einzelstücke kaufen können. Olms Presse hat einige Hefte in den siebziger Jahren als Reprint neu herausgegeben.

Für Bücherliebhaber aus der DDR gab es manche Buchhandlung, die man besonders gern aufsuchte. In kleinen Städten blieben manche raren Bücher im Regal und wurden nicht zur Bückware. Wer mit einer Buchhändlerin befreundet war, der hatte Glück als Büchersammler. So kam ich 1955 zu meiner ersten Thomas-Mann-Ausgabe, in zwölf Bänden in grünem Leinen bei Aufbau für hundertachtzig Mark erschienen. Das war für mich ein hoher Preis, aber meine Eltern schenkten mir die Edition zum bestandenen Abitur. Wenn es sich herumgesprochen hat, dass man Bücher sammelt, wenn man in einem Sammlerhandbuch gelistet ist, dann gibt es manche Kontakte zu anderen Sammlern – und zu Geschäftemachern. Irgendein obskurer Faksimilefälscher versuchte mir mehrfach irgendein Buch in ebenso obskurer Ausstattung zu verkaufen. Ich musste regelrecht grob am Telefon werden, damit er seine Belästigungen aufgab.

Hier ist Gelegenheit für eine Abschweifung: Was ist ein Faksimile? Ein Faksimile ist nicht einfach ein Nachdruck eines berühmten Buches, einer Handschrift, einer Inkunabel. Wie Walter Wilkes in einem instruktiven Aufsatz (Aus dem Antiquariat 11/2002) bemerkt, ist ein einfacher Nachdruck, der sich auf das Inhaltliche beschränkt, ein Reprint. Erst wenn die buchkünstlerischen und drucktechnischen Besonderheiten eines Buches berücksichtigt und mit modernen Mitteln auf möglichst adäquate Weise wiederholt werden, haben wir es mit einem Faksimiledruck zu tun. Freilich, Faksimile ist nicht gleich Faksimile. Die einfache fotografische Wiedergabe allein macht noch kein Faksimile aus. Es gibt bedeutende Leistungen in diesem Bereich, sie sind ihr Geld wert. Die gewerblichen Faksimilevertreiber haben das kaum zu bieten. Wenn sie einen Rest von Anständigkeit besitzen, dann wird das in der Beschreibung und im Preis sichtbar. Und es kommen natürlich Briefe etwa folgenden Inhalts: »Aus dem Besitz meines Vaters habe ich Kneipps Heilkur, einen Lederband mit sechshundert Seiten, 1916 erschienen. Ich würde Ihnen das Buch für zweihundert Euro verkaufen.« Nun, man antwortet freundlich mit einem Nein und nimmt die zweihundert Euro und erholt sich bei einer Kneipp-Kur von solchen Angeboten.

Ja, wie kommt man nun zu seinen Büchern? Auf vielfältige Weise, nicht zuletzt auch über Auktionen, die dem etwas fortgeschritteneren Sammler viele schöne, aber auch nicht billige Sachen anbieten. Es gibt in Deutschland heute etwa ein Dutzend größerer Buchauktionäre, die jährlich ein bis zwei Auktionen veranstalten. Und auf solchen Auktionen findet man dann die besonders bevorzugten Felder von Sammlern: Beliebt sind alte Pflanzen- und Tierdarstellungen in kolorierten Kupferstichen, gesucht sind alte Reisewerke aus dem 18. und 19. Jahrhundert, die Klassiker der Entdeckungen, von Livingstone bis Hedin. Da kann ich ein bisschen mithalten, denn aus meiner jugendlichen Entdeckerlaufbahn blieben einige dicke Bände von Sven Hedin zurück. Da habe ich dann weitergesammelt. Mittlerweile habe ich alle Werke in deutschen Ausgaben, aber auch ein paar andere Raritäten, etwa die Festschrift zum 70. Geburtstag mit einer Bibliografie und vielen schönen Karten und Bildern. Es gibt heute manches abfällige Urteil zu Sven Hedin, und mit Recht muss man sein Engagement für die Nazis kritisch bewerten, aber er war wohl doch die bedeutendste Entdeckergestalt an der Wende des 19. zum 20. Jahrhundert. Eine Auswahl seiner besten Schilderungen wäre als Neuausgabe wünschenswert. Wie ich gerade in einer Bibliografie sehe, bei Erdmann ist eine Kassette mit fünf Bänden samt einer guten Biografie erschienen.

In meiner Sammlung kamen zu Sven Hedin Emil Holub und Henry Morton Stanley, David Livingstone und Wladimir Arsenjew. Und ich gucke noch immer in den Antiquariatskatalogen nach mir unbekannten Büchern aus diesem Feld. Manchmal passiert einem auch ein Missgriff: Da lese ich doch von einem signierten Buch Hans Dominiks über Kamerun. Nanu, denke ich, dass der olle Knabe auch in Kamerun war, und ich bestelle den Band. Natürlich stellte es sich heraus, dass dieser Dominik ein Hauptmann der deutschen Schutztruppen in Afrika war und weiß Gott nichts mit dem SF-Autor zu tun hatte. Man muss also die Angebote prüfen, sonst verkauft man sich gelegentlich. Aber für diesen wie für viele andere Bereiche gibt es spezialisierte Antiquariate. Angeboten werden auf Auktionen auch Erstausgaben der Literatur des 19. und 20. Jahrhunderts. Da gibt es manches kostbare Stück, Manuskripte und Autografen.

Immer wünschte ich mir für meine Goethe-Sammlung ein Blatt von Goethe selbst. Nun hätte ich schon des Öfteren ein Kuvert mit seiner Handschrift oder irgendeinen Bestellzettel kaufen können, aber das war mir zu wenig. Wenn schon Goethe, dann auch etwas, was man von Goethe lesen möchte. Derartige Autografen sind selten, da haben dann oft die großen Bibliotheken oder das Weimarer Archiv die Nase vorn. Es gibt von Goethe einen Einblattdruck, den er anlässlich seines Geburtstages am 28. August 1826 herstellen ließ. Es ist ein Gelegenheitsgedicht, aber es endet mit einer Strophe, die mir sehr zusagt: »Dem Tage gönnet heitern Blick!/Das Beste schaffet unverdrossen;/Wohlwollen unsrer Zeitgenossen/Das bleibt zuletzt erprobtes Glück.« Das ist eine Devise, die ich gern auch mir als eine Lebensmaxime zuschreiben würde. Nun also, dieser Einblattdruck wurde mit einer eigenhändigen Unterschrift, Ort und Datum angeboten. Da man das

Blatt im Katalog abgebildet hatte, sah man, dass es ein edles Blatt war. Was nun? Was sollte man bieten? Ich bot einen Betrag, der mir möglich war, er lag fast um das Doppelte höher als der Schätzpreis. Und da ich nicht nach Hamburg zur Auktion fahren konnte, musste ich nach der Auktion dort anrufen – man kann übrigens auch telefonisch bieten – und das Glück war mir hold, wie man sagen könnte, ich bekam das Blatt. Vielleicht hat man bei solcher Gelegenheit zuviel bezahlt? Auch das ist möglich.

Manchmal freilich entgeht einem ein angebotenes Objekt, man findet es dann in einem Katalog eines Antiquars wieder. Als ich auf eine in Leder gebundene, signierte Prachtausgabe von Sven Hedins ›Transhimalaya‹ bot, las ich in der Ergebnisliste, dass sie für fünfhundert Euro verkauft worden war, leider nicht an mich. Zwei Monate später fand ich sie im Katalog eines Antiquars, er wollte tausendvierhundert Euro dafür. Und er hat sie sicher dafür verkauft. Leicht verdientes Geld? Nein, da muss man einfach den Kenntnisstand des Antiquars und sein Risiko sehen. Jedenfalls sind Auktionen interessante Gelegenheiten für Büchersammler. Und die Kataloge der großen Auktionshäuser sind des Sammelns wert. Wo haben Sie denn all die Bücher her, fragt man mich gelegentlich. Über den Erwerb manchen Buches weiß ich etwas zu erzählen, aber es gibt auch Stücke und Ausgaben, da kann ich mich selbst nur wundern: Wo habe ich die denn her?

# *Sammler auf Reisen*

Es gibt wohl keinen Büchersammler, der seine Reisen nicht für die Besichtigung von Bibliotheken nützt, privater Sammlungen von Bücherfreunden sowie großer historischer Büchereien. Reisen heißt ja für uns Büchernarren, sich Büchern zu nähern, sie zu bewundern, die Schätze anderer mit dem eigenen Besitz zu vergleichen. Große Bibliotheken sind die Universitäten der Sammler. Nicht alle sind ausgedehnten Besuchen zugänglich, aber selbst der mühsame Weg in der Menschenschlange, um im Trinity College in Dublin das berühmte ›Book of Kelly‹ zu sehen, ist es wert, diese Anstrengung zu unternehmen. Schöner ist es freilich, ein wenig ausgiebiger in fremden Quartieren zu jagen. Eine Sternstunde war es, als ich mit einigen Freunden eine Privatführung in der schönen Barockbibliothek des Prämonstratenserstiftes in Tepl bei Marienbad bekam. Das Stift hat eine lange Geschichte. Die Bibliothek hat ihre Anfänge schon in der Gründungszeit des Klosters. Es war Abt Sigmund (1459–1506), der Frühdrucke in Venedig und Speyer erwarb und in anderen Klöstern Handschriften anfertigen ließ. Schließlich hatte man in Tepl um 1900 ca. siebzigtausend Bände, gut vierhundert Handschriften und fünfhundert Wiegendrucke. Notabene: Was ist ein Wiegendruck? Wiegendrucke oder Inkunabeln nennt man Bücher, die in der Frühzeit des Buchdrucks bis 1500 gedruckt wurden.

Zwischen 1902 und 1905 entstand der Neobarockbau des

heutigen Büchersaales, der auch die Wirren und Fährnisse des 20. Jahrhunderts überstanden hat. Nun gibt es gewöhnlich in Bibliotheken dieser Art nur die Möglichkeit, mit einer Führung durch die Räume zu gehen. Wenn es gut geht, sieht man die Kostbarkeiten nicht nur als Faksimile, aber selbstverständlich zumeist hinter Glas. Dank eines Freundes und seiner guten Beziehungen zum Kloster erging es uns damals anders: Vor uns wurde der ›Codex Teplensis‹ ausgelegt, eine Pergamenthandschrift mit dreihundertfünzehn Blättern, enthaltend das ganze Neue Testament. Es ist eine der ersten deutschen Bibelübersetzungen. Ein solches Blatt berühren, in die Hand nehmen zu dürfen, ist ein eigenartiges Gefühl, ein Weg durch die Jahrhunderte zurück. Auch aus der Geschichte des 19. Jahrhunderts hat man hier etliche Kostbarkeiten zu bieten: In einem unscheinbaren Karton präsentierte uns der Bibliothekar ein Bündel handschriftlicher Briefe. Es waren Seiten mit Goethes Handschrift, der mit dem Abt Carl Reitenberger in engem Kontakt gestanden hatte. Nun, was man gelesen hatte, wir konnten es im wahrsten Sinne des Wortes begreifen. Die dünnen Blätter mit der charakteristischen Handschrift Goethes. Nie wieder später habe ich Gelegenheit gehabt, ein Bündel Goethebriefe in die Hand zu nehmen. Und gerade das ist es ja oft: das Authentische, das Originale, das der Sammler sucht.

Eine der schönsten Bibliotheken, die ich kenne, ist mit einer weiten Reise verknüpft. Sie hat ihr Domizil in New York, nicht weit von der Central Station entfernt: The Morgan Library. Mr. Pierpont Morgan, ihr Begründer, war einer der reichsten Bankiers in der Mitte des 19. Jahrhunderts. Es ist hier keine Gelegenheit, seine Biografie zu erzählen, nur so viel: Er war ein großer Kenner und Liebhaber europäischer Kunst und Kultur – und ein großer Sammler. Zwischen 1903 und 1906 ließ er für seine reichhaltigen Sammlungen die Pierpont Morgan Library in der 36. Straße errichten. Seit 1924 ist das Haus der Öffentlichkeit zugänglich. Der Kunsthistoriker Wilhelm von Bode hat zwar nach der Eröffnung gelästert, Morgan sei ein reiner Amateur gewesen, aber ich lasse mir solche Amateure schon gefallen. Es gibt wenig Sammlungen, die einen solchen Reichtum ausweisen: Drei Gutenberg-Bibeln, die Handschrift Einsteins mit der ersten Darstellung der Relativitätstheorie, Manuskripte von Mark Twain und John Steinbeck, Edgar Allan Poe und Thomas Jefferson, Charles Dickens' Roman ›Our Mutual Friend‹ (Unser gemeinsamer Freund) im Manuskript und vielleicht das Schönste in diesem Bereich, Balzacs Korrekturen in einem Druckfahnenexemplar von ›Eugénie Grandet‹. Stefan Zweig (auch er ein großer Bücher- und Autografensammler) hat des Öfteren auf diese Balzac-Blätter verwiesen, denn er besaß selbst »einen ganzen Roman in Druckbogen von Balzac, jedes Blatt ein Schlachtfeld mit tausend Korrekturen und mit unbeschreiblicher Deutlichkeit seinen Titanenkampf darstellend von Korrektur zu Korrektur«. Wo mag das Exemplar von Zweig heute sein? Hier in New York haben wir die Gelegenheit, diesen schöpferischen Prozess des Romanciers zu verfolgen. Kompositionen von Bach und Mozart, Beethoven und Wagner gehören zu den Zimelien der Bibliothek. Man müsste fragen, was gibt es hier nicht? Vorhanden sind Kinderbücher, auch die Erstausgabe des ›Struwwelpeter‹, Beatrix Potters Geschichten um Peter Rabbit. Bilder, Zeichnungen, Plastiken: Was man im Metropolitan Museum, nur ein paar Meter entfernt, in riesigen Sälen sehen kann, hier hat man eine kleine, aber feine Auswahl, Rubens und Piranesi, Blake und Turner. Da fällt mir etwas ein, was gleichfalls zu meinen Sammlungsreisen gehört. Ich will ein bisschen von meiner Bildersammlung erzählen. Ich sammle Rembrandt, van Gogh und Turner.

Man wird fragen, ob ich Millionär bin? Nein, ich bin es nicht. Und man wird sagen, sehr originell ist das auch nicht, jedermann weiß, wer diese Maler sind. Freilich, an den Wänden meines Hauses hängt kein einziges Original, kein Druck. Ich habe zwar eine ziemlich umfangreiche Bibliothek mit Bildbänden, Werkverzeichnissen und Kommentaren, die diese Maler betreffen, aber meine Sammelleidenschaft betrifft die Reisen an die Orte, wo deren Bilder hängen. Also musste ich nach Kassel, wo die meisten Rembrandts in Deutschland zu sehen sind, und nach Amsterdam ins Rijksmuseum und ins Rembrandthaus auch, und in die Eremitage nach St. Petersburg und in zwei Dutzend andere Museen. Selbstverständlich mehrfache Besuche in der Tate Gallery in London, um Turner zu sehen, und in zahlreichen anderen Museen rings um den Globus. Übrigens, ich habe es nicht bei den genannten Malern belassen. Auch der Spanier Zurbarán ist mein Favorit, da gibt es ein, zwei Bilder in der Alten Pinakothek in München und natürlich etliche im Prado in Madrid.

Und Leonardo gehört dazu. Da muss ich eine kleine Anekdote erzählen: Seit langem suchte ich einen Band über Leonardo, der in den USA erschienen war, und endlich, in dem Museums-Shop des Metropolitan Museums in New York fand ich ihn. Aber der dicke Wälzer war so schwer wie die Bleikammern in Venedig, von denen Casanova erzählt, und da in Amerika nichts unmöglich ist, empfahl mir der nette Verkäufer, das Buch doch per Schiffspost expedieren zu lassen. Es kostete ein paar Dollar mehr, aber wieder einmal erlebte ich dabei den angenehmen Service dieser Museumsläden, die ich fast ebenso gern besuche wie die Ausstellungsräume. Ich war längst wieder in Deutschland, als mich die

Zollbehörden aus Köln anriefen und eine Beamtenstimme fragte, ob ich aus den USA ein Paket mit einem Leonardo erwarte. Ich erstaunte erst ein bisschen, dann sagte ich: Gern würde ich ein solches Paket erwarten, aber ich wüsste nicht, wer mir einen Leonardo schicken wollte. Und da meinte die Stimme, das Paket käme aus einem Museum. Der Kopf, der zu der Stimme gehörte, er war auf Zollvergehen geeicht, aber nicht darauf, dass man als Privatmensch heute keinen Leonardo mehr kaufen kann. Ich teilte dies dem Manne freundlich mit und ein paar Tage später hatte ich meinen Leonardo als Buch. So ist es also mit den Reisen zu Büchern und Bildern. Ich reise aus verschiedenen Gründen, aber, wie man sieht, auch, um Bilder zu sehen. Mit dem Gestus des Sammlers also durch die Welt. Da von meinen Lieblingen etliches in der Neuen Welt zu finden ist, musste es Boston sein und Portland, selbstverständlich die großen Museen von St. Petersburg, Paris, Madrid, London, Edinburgh. Und den einzigen van Gogh, der in Bremen hängt, er sollte auch besichtigt werden. Das Vergnügen, auf diese Weise Bilder zu sammeln, ist erschwinglich. Ich muss in Paris nicht nach Disneyland fahren und nicht ins Moulin Rouge gehen, da bleibt Gelegenheit für anderes. Doch nun genug der Abschweifung.

Die Bibliotheken lebender Sammler kann man zumeist nicht besichtigen, es sei denn, man kennt die Damen oder Herren (übrigens, es gibt weitaus mehr Sammler als Sammlerinnen, warum wohl?), aber die Bibliotheken einstiger Sammler sind da schon eher zugänglich: Arno Schmidts Arbeitsbibliothek in Bargfeld kann man besichtigen und auch die Büchersammlung von Alfred Edmund Brehm, dem Vater des ›Tierlebens‹, da muss man ins thüringische Renthendorf reisen. Auch Gerhart Hauptmanns Bibliothek ist in einigen Teilen auf der Insel Hiddensee zugänglich. Und Karl Mays Bücherei, aus der er wie die Biene etlichen Honig gesogen hat, um seine eigenen Bücher mit geografischen und fremdsprachigen Elementen zu beleben, die kann man in Radebeul bei Dresden aufsuchen. Bei solchen Reisen gibt es manches Ärgernis: Als ich in Halberstadt im Gleim-Haus 2002 die Bibliothek von Gleim sehen wollte, wurde mir bedeutet, dass sie nicht zugänglich sei. Da durften also nur ein paar Forscher alle paar Jahrhunderte hinein. Und in Wilhelm Raabes letzter Wohnung, die seine Bibliothek enthält, stand ich vor verschlossener Tür. Es gibt einen ›Literarischen Führer durch Deutschland‹ (leider nur für die westlichen Gefilde) und ein älteres Lexikon über literarische Museen in der DDR, danach kann man ebenso Reisen planen, wie nach dem jüngst erschienenen schönen Buch von Peter Braun über ›Dichterhäuser‹. Ich habe noch so manche Ziele: Die Stiftsbibliothek in St. Gallen beispielsweise, und vielleicht habe ich Glück und kann noch einige lebende Sammler besuchen. Die Namen verrate ich freilich nicht.

Der Sammler auf Reisen, das kann auch eine Reise in ein Antiquariatsdorf sein. In Europa gibt es mittlerweile fünf oder sechs Bücherdörfer: Hay-on-Wye, das älteste und berühmteste in Wales, es steht schon längst auf der Liste meiner Reiseziele; Redu-sur-Lesse in den belgischen Ardennen, Montolieu in Südwestfrankreich, Bécherel nahe Rennes, Bredevoort in den Niederlanden und schließlich die Waldstadt Wünsdorf bei Berlin, wo einst die sowjetischen Truppen in Ostdeutschland residierten.

In Redu bin ich einmal gewesen. Monsieur Noel Anselot, der Gründer, kam in den sechziger Jahren in das weltabgeschiedene Dorf in den Ardennen. Er suchte damals keine Bücher, sondern kam als Angler und Jäger. Und derartige

Instinkte sind ja auch für Buchjagden geeignet. Er schrieb dort erst mal einen Bestseller über die Küche der Ardennen, und beim Essen und Trinken kam die Idee, doch die Bücherwelt ein bisschen mehr in dieser Landschaft anzusiedeln. Man muss Geduld haben, wenn man das Dörfchen erreichen will, aber irgendwann sieht man die Westfassade der barocken Abtei von St. Hubert, und dann dauert es nicht lange, bis man ein Schild sieht, auf dem »Redu, village du livre« steht. Auf gut vierhundert Einwohner kamen vor sechs Jahren, als ich dort war, mehr als ein Dutzend Buchhandlungen, in denen sich eine dreiviertel Million Bände versammelt hatten. Das Bücherdorf existiert jetzt schon fast zwei Jahrzehnte, und jährlich kommen bis zu zweihunderttausend Besucher. Man findet dort Massenware und ein paar Raritäten, Bücher in französischer, englischer und in deutscher Sprache. Es gibt eine Buchbinderwerkstatt und einen Papierhersteller, der das Papier noch per Hand schöpft. Natürlich gibt es mittlerweile etliche Restaurants und Hotels in der Nähe, denn Bücherjäger müssen essen, trinken und schlafen. Was ich dort gekauft habe? Ein hübsches englisches Kinderbuch ›The Book of British Ships‹ von 1910, einen Reiseführer aus der Collection des Guides Joanne über Frankreich aus dem Jahre 1875. In ihm findet sich auch der Hinweis auf unser kleines französisches Dorf im Burgund, wo wir nicht nur die romanische Kirche lieben – unser französischer Bücherfreund d'Ete hat ein kluges Buch über das Bauwerk geschrieben –, sondern auch das Restaurant daneben, wo es sich gut über Bücher und die Cuisine bourguignonne reden lässt. Sammler sind am liebsten zu Hause in ihrer Bibliothek, aber wie man sieht, sind sie gelegentlich auch gerne auf Reisen.

# *Sammlerglück, Sammlerleid*

Es gibt keinen Büchersammler, der nicht sehr gern von den Leiden und gelegentlichen Glücksstunden des Büchererwerbs erzählt. »Also, da kam ich doch zufällig einmal in das kleine Weißenseer Antiquariat, das schon lange nicht mehr existiert, und in der Wühlkiste fand ich ein altes, abgeschabtes Büchlein. Es kostete zwei Mark, und es war die Erstausgabe von Goethes ›Stella‹«, erzählte mir Werner Klemke einmal, und wir tranken im stillen Gedenken auf diese Sternstunde ein Glas Rotwein. Jeder hat irgendwann einmal Sammlerglück. So suchte ich seit vielen Jahren den Katalog der Sammlung Kippenberg, ein unentbehrliches Buch für jeden Goethe-Sammler und ein exquisites Buch in bibliophiler Ausstattung. Anton Kippenberg, bedeutender Verleger und in der ersten Hälfte des 20. Jahrhunderts Besitzer des Leipziger Insel-Verlages, war ein großer Bibliophile, Eigner der größten privaten Goethe-Sammlung. Der gedruckte Katalog seiner Sammlung ist ein in Halbleder gebundenes und nur in sechshundert Exemplaren erschienenes Buch. (Für die Kenner unter uns: Hier ist die Erstausgabe des Katalogs von 1913 gemeint.) Einmal sah ich diesen schönen, schwergewichtigen Band in einem Antiquariat, doch ich war ob des Preises, der immerhin vier Zahlen vor dem Komma hatte, ein wenig unentschlossen, wollte erst einen mittleren Familienrat einberufen, der Familienrat stimmte zähneknirschend zu, da war das Buch schon verkauft. Dann sah ich das Buch angezeigt auf einer Auktion, leider konnte ich nicht dabei sein, so beauftragte ich einen alten Freund, unbedingt dieses Buch zu ersteigern, wenn der Preis nicht gar so astronomische Ziffern erreichen sollte. Ich kam von der Reise zurück, denn unterwegs gab es in jenen DDR-Zeiten oft keine Möglichkeit des Telefonierens, legte nicht einmal Mantel und Mütze ab, eilte zum Telefon, rief den Freund an: Nein, er hatte das Buch nicht erworben, da war ein Mitbieter, der musste wohl arabische Ölmillionen besessen haben. Ich weinte eine kleine Träne, Kippenberg wollte wohl nicht zu mir. Doch ein paar Wochen später, es nahte ein runder Geburtstag, erschien mein Freund mit einem gut verschnürten Paket. Ich vermutete in dem Geschenkpapier manches, aber nicht Herrn Kippenberg. Und es kam die Überraschung: Es war der bewusste Katalog, und ich besitze seither die Nummer 450 des gesuchten Bandes.

Mit eben diesem Freund war ich einmal drei Wochen zur Kur in Karlsbad. Dort gibt es ein kleines Antiquariat, dessen Besuch sich damals noch lohnte. Jeden Morgen zur Öffnungszeit des Lädchens trieb es uns dorthin, Moorbäder und Massagen konnten warten, zuerst ging es ins Bücherreich. Während wir noch fröhlich plaudernd durch die Ladentür traten, verwandelten wir uns vor den Regalen. Bücherjagd hat das Jürgen Kuczynski einmal genannt, wir waren jetzt konkurrierende Jäger. Urinstinkte erwachten, wenn wir die Regale abgrasten. Wir hatten den Konkurrenten im Blickwinkel, während wir mit geübtem Auge die Reihen durchmusterten. Wir griffen nach mehreren Büchern zugleich, überschlugen mögliche Ausgaben, wir redeten kein Wort mehr miteinander, bis wir dann mit unserem Bücherhäuflein an der Kasse standen, und der eine sagte: »Schau mal, die seltene Erstausgabe von Stefan Zweigs ›Magellan‹, und nur vierzig Kronen.« Und der andere quälte sich dann ein mühsames Lächeln der Gratulation ab. Sicher, diese Episode ist ein bisschen übertrieben, ganz so schlimm war es wohl nie.

Bei dieser Gelegenheit will ich noch einmal sagen, was jeder Bibliophile weiß und der Anfänger wissen muss, derartige Unternehmungen haben nur ihren Sinn, wenn man Kenntnisse hat. Wer nichts von Verlagsgeschichte versteht, wer keine Bibliografien gelesen hat, wer Klein-Oktav nicht von Groß-Oktav zu unterscheiden weiß, wer jede alte Bibel mit einem Erscheinungsjahr vor 1900 für eine Kostbarkeit hält, wer Bücher allein nach ihrem Halblederrücken beurteilt, der hat in solchen Jagdgesellschaften keine Chance. Er kauft, er kauft vielleicht auch viel, aber er ist in meinen Augen kein wirklicher Sammler. Walter Benjamin erzählte in seinem schönen Essay ›Ich packe meine Bibliothek aus‹, wie er auf einer Auktion auf ein Buch stieß, das er gerne kaufen wollte. Doch es saß ein anderer Interessent im Saal, der immer mit Leichtigkeit die Gebote von Benjamin überbot. Er wusste wohl, dass Benjamin ein Kenner war. Nun, Benjamin war nicht nur ein Kenner, er war auch ansonsten nicht gerade auf den Kopf gefallen, wie man sagt. Und als das bewusste Buch, es war die zweibändige Ausgabe der ›Fragmente aus dem Nachlass eines jungen Physikers‹ von Johann Wilhelm Ritter, aufgerufen wurde, »kam mir die Erleuchtung. Da mein Gebot die Nummer unfehlbar dem andern zuschanzen musste, durfte ich gar nicht bieten. Ich bezwang mich, blieb stumm. Was ich erhoffte, trat nun ein: Kein Interesse, kein Gebot, das Buch ging zurück.« Ein paar Tage später konnte er das Buch dann beim Antiquar zu einem guten Preis aus der Rückgangsliste erwerben. Freilich, ob das heute noch möglich wäre? Die gedruckten Kataloge, die jeder Sammler vor einer Auktion zur Kenntnis nehmen kann, sie sind von kundigen Antiquaren erstellt. Und ein seltenes Buch der deutschen Romantik, wie dieses Werk von Ritter, würde eben schon in der Höhe des Schätzpreises die Seltenheit ausweisen. Aber wie gesagt, Kenntnisse sind vonnöten.

Bei dieser Gelegenheit kann ich mir eine kleine Anekdote nicht versagen, die ein bisschen zeigt, was es damit auf sich hat. Als Lektor eines Verlages schrieb ich einmal einem durchaus nicht unbekannten Autor an den Rand seines Manuskriptes: Schau doch mal in Grimms Wörterbuch nach, dieses Wort, das sich hier in deinem Text findet, gibt es nicht. Nun, der Autor, ein durchaus belesener Mann, er saß vor seinem Manuskript und dachte: Grimms Wörterbuch, das sollte wohl ein Schriftsteller besitzen. Aber er besaß es nicht, Grimms Märchen waren ihm vertrauter. So rief er seinen Buchhändler an und bat ihn, Grimms Wörterbuch für ihn zu bestellen. Und der Buchhändler sagte, was er damals nicht oft sagte, denn die Geschichte begab sich zu DDR-Zeiten, dass das Werk lieferbar sei. Nach ein paar Wochen konnte er besagten Autor anrufen und ihm die Abholung des Werkes empfehlen. Der kam und sah: Das Werk bestand aus dreiunddreißig Halblederbänden, und es kostete fast fünftausend Mark. Nun, unser Autor war ein souveräner Mann: Er wollte seine Unkenntnis nicht laut werden lassen, er schrieb einen Scheck und transportierte den großen Grimm in sein Haus. Mit einem Lächeln, nicht mit Grimm. Nur mir, seinem Lektor, sagte er dann bei Gelegenheit, dass ihn meine Bemerkung in seinem Manuskript eine hübsche Summe Geldes gekostet habe. Und ich konnte nur sagen: »Ja, lieber Freund, weißt du eigentlich, warum du dir diesen Grimm gekauft hast? Wegen eines Wortes, das in diesem Werk nicht zu finden ist.«

# *Blättern in einem Katalog*

Haben Sie einmal zugehört, wenn wirkliche Sammler sich unterhalten? Da ist dann die Rede von Duodez oder Foliant, von Oktav und Quart, von Illumination und Initial, von Versalien und Vignetten. Die Rede ist auch von Schätzpreisen und von Zuschlägen. Wer diese Sprache nicht beherrscht, der bleibt nur ein armer Tropf im Reich des Büchersammelns. Doch wir sind allesamt nicht mit dem Wörterbuch des Bibliophilen geboren. Erst nach und nach haben wir uns der geheimnisvollen Bruderschaft angeschlossen, da man die Sprache des Sammlers spricht. Heute denke ich, dass mein Wissen über Bücher nicht nur von den Antiquaren herrührt, denen ich oft zugehört habe, nicht nur aus Handbüchern, wie Bogengs Bibliophilie-Bänden – auch die sind ja heute nur mehr im Antiquariat zu erwerben –, sondern vor allem aus der Begegnung mit sehr unterschiedlichen Büchern selbst. Auf diesen Seiten war bisher viel die Rede von Autoren und Literarischem. Aber das ist nur die eine Seite des Buches. Habe ich meine Betrachtung nur auf die Inhalte, die Texte reduziert? Das Buch ist nicht nur ein Text, eine Nachricht, ein Medium, es ist vielmehr eine sinnlich wahrnehmbare Realität. Ein Produkt besonderen Charakters, nicht nur eine Ware, sondern oft genug ein Kunstwerk. Und wie in anderer Kunst auch, hat sich solche Kunst über die Jahrhunderte entwickelt, von den frühesten Handschriften bis zu den Malerbüchern und Pressendrucken der Neuzeit. Wie gesagt, nicht jedes Buch ist ein Kunstwerk, aber auch das simple Alltagsbuch, das Taschenbuch hat mittlerweile Elemente, die mit der künstlerischen Entwicklung des Buches zusammenhängen. Schriftauswahl, Illustrationen, Schutzumschlag sind Bestandteile des Buches, die von den großen Prachtbänden bis in die Niederungen des Heftchenromans Bedeutung haben. Manche Bereiche dieser Kultur-Geschichte, dieser Kunst-Geschichte des Buches sind dem einzelnen Sammler lediglich in der Form der Replik zugänglich. Die großen Handschriften wie die Meisterwerke des Wiegendrucks sind heute nur noch in Ausnahmen für einen privaten Sammler erwerbbar. Man sieht in einer gut gesicherten Ausstellung vielleicht eine Gutenberg-Bibel. Aber eine Gutenberg-Bibel ist so etwas wie ein Rembrandt, sie ist unbezahlbar geworden.

Doch es lohnt sich, solch vergangenen Wegen des Buches nachzugehen. Kein wirklicher Sammler wird darauf verzichten, seiner Sammlung ein paar frühe Stücke des Buches einzuverleiben, die im Gegenstand des Buches Kunst und Handwerk oft auf wunderbare Weise vereinigen. Freilich, hier kann man als Sammler nur nach Maßgabe seiner Mittel agieren, und so sind also die Käufe für die Mehrzahl von uns begrenzt. Wie gelangt man in diese Gefilde? Eine gute Gelegenheit, sich zu informieren und dabei zu vergnügen, sind die Kataloge der großen Auktionshäuser. Und so wollen wir ein Stück des Weges beschreiben, das aus der Lektüre eines Kataloges sichtbar wird. Gerade hat mir die Post einen dickleibigen Band ins Haus gebracht. Viereinhalbtausend Nummern sind aufgelistet, viereinhalbtausend Mal prüft man, ob dies oder jenes für die eigene Sammlung zu brauchen wäre – und natürlich auch, ob man die nötigen Gelder dafür hat. Denn auf Auktionen werden Zimelien versteigert, nicht das Massenbuch, das freilich nicht künstlerischer Aspekte entbehren muss. Ein Abbildungsteil zeigt uns die schönsten Angebote, wobei heutzutage auch andere Kunstgegenstände versteigert werden. Ein besonderer Vorzug des Auktionskatalogs sind seine (zumeist) sehr genauen Beschreibungen des Buches, da sind Fachleute am Werk. Und wer von dem Dutzend größerer Auktionshäuser in Deutschland am Markt bleiben will, der muss diesen Service liefern. Da sind wir schon mitten im Blättern, in unserem Beispiel beginnt dies mit den Handschriften. Ehe es das Buch als Druckerzeugnis gab, gab es die Handschrift, und auch in frühen Zeiten gab es die ganz simplen Mitteilungen und die künstlerisch gestalteten Mitteilungen. Es stimmt also nur sehr bedingt, wenn Marshall McLuhan schreibt: The medium is the message. Nein, die Handschrift oder später dann das Buch, sie sind weder allein die Nachricht noch allein die Form einer Nachricht. In unserem Katalog werden Einzelblätter und ganze Stundenbücher angeboten. Die Schätzpreise reichen zwischen zweihundert Euro für ein Einzelblatt bis zu dreißigtausend Euro für ein besonders schönes Stundenbuch. Der ernsthafte Sammler muss sich über die Wertentwicklungen seines Gebietes informieren, um nicht nur seine eigenen finanziellen Möglichkeiten in Einklang mit den Angeboten zu bringen, sondern auch, um zu wissen, da es ja zwischen einzelnen Angeboten beträchtliche Schwankungen geben kann, ob er zu viel bezahlt.

Aber kommen wir zurück zu unseren Stundenbüchern: Stundenbücher, lat. Horarae, waren Gebetbücher für Laien, der Name sagt es, da fanden sich für alle Tageszeiten und Jahreszeiten die entsprechenden Gebete. Hier gibt es schmucklose Alltagskinder aus irgendeiner anonymen Werkstatt, und es gibt künstlerisch orientierte Werke. So heißt es in unserem Katalog: »Illuminierte Handschrift auf Pergament. Mit reichen Goldinitialen, Zeilenfüller- und Bordürenschmuck auf jeder Seite. Zwölf Kalenderminiaturen, neun ganzseitige, fünf kleinere Miniaturen im Hochrechteck und zwei Miniaturen im Medaillon, teils gold- teils silbergehöht …« Nun weiß man als Sammler schon, was einen erwartet. Es ist ein besonderes Exemplar des Stundenbuches und stammt, wie der Katalog mitteilt, vermutlich aus einer Werkstatt in Paris oder Nordfrankreich aus der Mitte des 15. Jahrhunderts. Gleich nach den Handschriften kommt in unserem Katalog das Kapitel, das auf einen Bereich verweist, der heute zu den besterforschten Gebieten der frühen Buchkunst gehört, es ist die Abteilung des Katalogs, die uns Wiegendrucke oder Inkunabeln anbietet, Frühwerke des Buchdrucks, die zwischen 1445 und 1500 entstanden sind. Und diesmal haben wir Glück: Unser Katalog hat ein großes Angebot. Da findet sich ›Liber chronicarum‹, die Weltchronik von Hartmann Schedel aus dem Jahre 1493. Hier handelt es sich um die lateinische Ausgabe, die vor der deutschen gedruckt wurde. Der Katalog teilt uns mit, was wir wissen sollten: »Die berühmte Chronik ist die am reichsten illustrierte Inkunabel überhaupt und enthält eine Fülle von kunsthistorisch bedeutenden Holzschnitten …« Da ist schon das Stichwort gefallen, das uns aufmerken lässt: der Holzschnitt, ursprünglich nur als Druckform für textile Gewebe verwendet, hat seinen Einzug ins Buch gehalten. Für dieses Buch haben Wohlgemuth und Pleydenwurff rund tausendachthundert Holzschnitte geschaffen, die von Anton Koberger in Nürnberg gedruckt wurden. Wir erfahren, wenn wir als Sammler »ordentliches Handwerkszeug« haben, mit dem Blick in ein biografisches oder Künstlerlexikon, dass es sich bei den Herren Wohlgemuth, der zumeist aber Wolgemut geschrieben wird, und Pleydenwurff um zwei Nürnberger Künstler handelt. Wilhelm Pleydenwurff ist der

Stiefsohn von Michael Wolgemut. Und – auch das ist von Interesse, Wolgemut war der Lehrer von Albrecht Dürer. So entdecken wir aus diesen Namen ein Stück Geschichte des künstlerischen Buches, denn der Holzschnitt wird ein ganz wesentliches Illustrationselement des Buches bleiben bis in das 20. Jahrhundert zu Frans Masereel und auch bis zu meinen Künstlerfreunden Werner Klemke und Karl-Georg Hirsch. Beide sind übrigens vor allem exzellente Holzstecher. Da wird das Holz nicht längs zur Faser, sondern quer zur Faser gestochen.

Wir könnten nun bei unserer Kataloglektüre auch die Entwicklung anderer Illustrationstechniken verfolgen, denn es werden uns Bücher mit Kupferstichen angeboten, der in Europa fast gleichzeitig mit dem Holzschnitt entstand, Schabekunstblätter sind unter den Losen und natürlich Radierungen. Aus dem 19. Jahrhundert wird ein Band mit den Stahlstichen von William Hogarth angeboten und ein Buch mit Aquatinta-Radierungen nach Francisco de Goya, ein Gang durch die Kunstgeschichte ist das Blättern im Katalog. Doch das Buch hat ja nicht nur Illustrationen, es hat vor allem auch einen Text, und so gehört zur Geschichte der Buchkunst auch das Kapitel der großen Drucker, der Typografen. In diesem Katalog nun finden wir aus dem 16. Jahrhundert keinen Druck, immerhin war es die Officina Aldina, eine Druckerei, die erstmals der Regelmäßigkeit der Typografie besondere Aufmerksamkeit schenkte. Aber dann stoße ich auf zwei Drucker des 17. Jahrhunderts, von denen ich Exemplare in meiner Sammlung habe: Bücher der Familie Elzevier, die die bedeutendsten Offizinen der Niederlande betrieben. Elzevier druckte Klassiker in schönen handlichen Ausgaben und Reisehandbücher der europäischen Staaten, die so genannten »kleinen Republiken«, die nur sehr selten angeboten werden. Immerhin habe ich einen schönen Molièreband, der die Druckerkunst Elzeviers ausweist, und auch eine Karte aus einer anderen holländischen Druckerei ist mir zugeflogen, ein Blatt von Willem Janszoon Blaeu aus Amsterdam, dessen ›Atlas Major‹ wohl zu den schönsten Werken über Geografie gehört.

Was finden wir noch in unserem Katalog? Viele schöne Dinge aus dem 19. Jahrhundert. Da werden drei Baskerville-Drucke angeboten, der mit seiner Antiqua eine der großen Schriften erfand und nutzte. Und es gibt einige Bücher, die unter dem Stichwort Einbände gelistet sind. Der Einband ist seit langem ein wichtiges Element der Buchkunst. Auch unser Katalog bietet einige besondere Exemplare. Übrigens, noch immer ist Ilse Schunkes ›Einführung in die Einbandbestimmung‹ eine der Quellen für uns Sammler, aus denen wir das Wissen in diesem Feld beziehen. So manches Buch wird nicht wegen seines Inhalts, sondern wegen seines Einbands erworben. Es gibt nicht wenige Sammler, die ihre Bücher unter dekorativen Gesichtspunkten kaufen: Eine schöne Reihe alter Ledereinbände schmückt das Bibliotheksregal ungemein. Auch die Nicht-Sammler schmücken sich gelegentlich mit Buchreihen in der Schrankwand. Ich habe einer Dame vor nicht allzu langer Zeit zu einer Klassikerreihe verholfen, die in die Glasvitrine kam. Sie war aber beim Kauf ziemlich unentschlossen, denn auch der gesammelte Karl May erschien ihr ziemlich dekorativ. Es ging ja nicht um Bücher zum Lesen, sondern um Dekoration. Nicht wenige Bibliophile vergangener Jahrhunderte haben all ihren Büchern einen gleichen Einband verpassen lassen. Man kennt das aus alten Adelsbibliotheken, auch eine amerikanische Designerin hat ihre Bücher allesamt in weiße Einbände gesteckt, und der New Yorker Innenarchitekt Thomas Britt hat seine Zeitschriften in Mappen aus weißem Glanzpapier aufbewahrt. Und weil ihm das so gut gefiel, wurden noch etliche Bücher mit weißem Glanzpapier versehen. Ob dies freilich als Anregung für andere Sammler zu verstehen ist, ich wage es zu bezweifeln.

Da sind wir bei einem Element des Buches, das erst mit dem beginnenden 20. Jahrhundert aufkam: dem Schutzumschlag. Ursprünglich als Schutzhülle für den Einband gedacht, wurde er zu einem grafisch gestalteten Schmuckelement. Viele Buchgestalter des 20. Jahrhunderts lieferten deshalb nicht mehr nur Illustrationen, sondern sie beschäftigten sich mit dem Buchganzen. Der Schutzumschlag wurde zu einem Teil der grafischen Gestalt des Buches. Im Malik-Verlag sind etliche Bände mit John Heartfield als Buchgestalter erschienen, hier in unserem Katalog wird die Ausgabe der Gesammelten Werke von Maxim Gorki in siebzehn Bänden angeboten. Aus dem Malik-Verlag besitze ich den schönen Tolstoj in vierzehn Bänden, der die Handschriften der Brüder Wieland Herzfelde und John Heartfield zeigt.

Da sind wir unversehens im 20. Jahrhundert angekommen, das mit Jugendstil, Künstlerbüchern und Pressendrucken auf besondere Weise das schöne Buch pflegte und belebte. Die entsprechenden Abteilungen eines Katalogs werden deshalb zumeist unter der Sammelbezeichnung »Moderne Literatur und Kunst« resümiert. Wo beginnen, wo enden in diesem Sammelgebiet? Ein paar Worte müssen wir schon den Pressendrucken widmen: Seit dem 18. Jahrhundert gründeten sich neben den gewerblichen Druckereien so genannte Privatpressen, vielleicht aber ist William Morris der Begründer der Pressenliteratur, wie es mein Kollege Wulf D. von Lucius in seinem schönen Buch ›Bücherlust‹ beschreibt: »Morris verwendete nur gute Büttenpapiere und beauftragte gute

Schriftschneider und Initialgestalter für seine Drucke und für die illustrierten Titel, insbesondere den berühmten Künstler und persönlichen Freund Edward Burne-Jones.« Die Bücher seiner Kelmscott Press wurden aber auf normalen Druckmaschinen hergestellt, es gab kein nostalgisch-technisches Zurück zu den Anfängen der Druckerkunst. In Deutschland folgten zu Beginn des 20. Jahrhunderts manche kurzlebigen Pressen, doch viele davon gingen in die Geschichte der Buchkunst ein: die Januspresse (1907), die Ernst-Ludwig-Presse (1907), die Bremer Presse (1911) und die Cranach-Presse (1913). In den Verlagen setzte ebenfalls eine starke Orientierung auf das schöne Buch ein, etwa bei Insel oder im Eugen Diederichs Verlag. Natürlich verzeichnet ein guter Auktionskatalog diese bedeutendste Etappe der Buchkunst und vielleicht schon ihren elitären Endpunkt. Freilich, der Pressen-Liebe ist kein Ende. Immer wieder finden sich junge oder ältere Bücherfreunde, die ein Pressen-Unternehmen begründen, der Antiquar Matthias Loidl schickt freundlich die Angebote seiner Antinous-Presse, im von uns durchblätterten Katalog finde ich den dreizehnten Druck der Bear-Presse aus Bayreuth, den vierunddreißigsten Druck der Berliner Handpresse, Bücher der Ernst-Engel-Presse, den ersten Druck der Leipziger Presse. Genug, wer kennt die Pressen, nennt die Namen. Es kann ein besonderes Sammelvergnügen sein, mit einer oder mehrerer solcher Pressen in Kontakt zu treten. Wer mehr davon wissen will, kann sich in Heinz Stefan Bartkowiaks ›Kompendium zeitgenössischer Handpressendrucke‹, das er seit 1988 in Hamburg herausgibt, informieren.

Auf ganz eigene Weise manifestieren sich in Büchern zur Naturwissenschaft und Technik die Entwicklungen der Buchgeschichte. Und wenn ich es recht sehe, sind alte Floren und Tiermonografien heute ein besonders gesuchtes Sammelgebiet. Der Schriftsteller Cees Nooteboom erzählt davon, dass er über lange Zeit die alten Werke über Schnecken und Muscheln gesammelt hat, für einen Küstenbewohner ist das nahe liegend. Was Wunder, dass auch hier die Preise ziemlich hoch liegen. Unser Katalog bietet beispielsweise Marschall von Biebersteins ›Flora von Russland‹, die nur in siebzig Exemplaren gedruckt wurde. Der Schätzpreis zeigt die Seltenheit dieses opulenten Bandes mit fünfzig altkolorierten Kupfertafeln: achtundzwanzigtausend Euro. Und ich finde auf Seite 478 des Katalogs Rösel von Rosenhofs ›Insecten-Belustigung‹ in der ersten niederländischen Ausgabe, bei Ernst Jünger habe ich die deutsche Ausgabe gesehen. Dass ein guter Katalog auch Geografie und Reisen als eigene Abteilung verzeichnet, die Sammler wissen es. Und je leichter es ist, die Welt in realiter zu umrunden, umso schwerer wird es dem Sammler, die Beschreibungen von Reisen und Welt aus vergangenen Zeiten zu beschaffen. Ich sammle Islandia, da hat sich schon manche Seltenheit eingefunden, und dieser Katalog bietet den Nils Horrbow, aber den besitze ich schon.

Vielleicht stimmen mir die Leser zu, es gibt wenig angenehmere und zugleich bildende Lektüre als das Blättern in einem Auktionskatalog. Der Anstand gebietet es, dass ich in diesem Fall die Urheber nenne: Es handelt sich um den Katalog der 26. Auktion von Jeschke, Greve & Hauff. Doch ich füge hinzu, ich hätte ebenso einen Katalog von Hauswedell & Nolte, Brandes oder von Hartung & Hartung nehmen können, denn die genannten Auktionshäuser bieten allesamt ausgezeichnete Beschreibungen und gute Abbildungen. Nur das Budget, das man braucht, wenn man sich etliche der schönen Stücke erwerben will, das muss man schon selber haben.

## *Herr Jenne, der Inselkönig*

Wir Sammler wissen natürlich, dass Herr Jenne nicht auf einer Insel lebt, es sei denn, man denkt an die Insel der Seligen, die alle Sammler gern besiedeln. Unser Herr Jenne ist der König der Insel-Sammler. Er wird das nicht so gern hören, obwohl er lange Zeit täglich mit etlichen Königinnen umging. Immerhin hatte er im weitläufigen Garten seines Hauses an die fünfzig Bienenvölker stehen. Doch hier geht es nicht um Bienen, sondern um Bücher. Und wer eine große Insel-Sammlung sein Eigen nennt, der gehört schon zum Sammler-Adel. Es gibt etliche Mitglieder in dieser aristokratischen Familie, aber nur wer Band 313(2) ›Gedichte des deutschen Barock‹ besitzt, der darf sich zur Königsfamilie zählen. Freilich, das ist ein bisschen übertrieben, denn die wirklichen Sammler sind eher bescheiden denn königlich, und das betrifft auch unseren Freund Jenne. Nun muss man für die Nicht-Kenner sagen, warum der Besitz des Bandes mit den Barockgedichten so etwas Besonderes ist. Wir haben ja schon mehrfach auf dieses Buch verwiesen. Das unscheinbare Büchlein, das 1943 erschien oder sagen wir besser: erscheinen sollte, es ist das seltenste Buch in dieser Reihe. Ich weiß, ich weiß, die Groß-Sammler widersprechen hier, denn es gibt noch andere, ähnlich seltene Bände, aber die Nr. 313(2) ist wohl der einzige Band unter den acht im Zweiten Weltkrieg zerstörten Titeln, der keine Nachauflage hatte. Der Grund für seine Seltenheit ist nicht sehr erfreulicher Natur: Fast die gesamte Auflage wurde in der Bombennacht des 4. Dezember

1943, zwischen drei und vier Uhr in Leipzig vernichtet, wie ein Insel-Forscher herausgefunden hat. Freilich, einige Vorausexemplare hatten die Druckerei schon verlassen. Es handelte sich dabei wohl um ca. 30 Exemplare, von denen man weiß, dass sie noch heute existieren. Als vor einiger Zeit ein Exemplar auf dem Antiquariatsmarkt auftauchte, wurde es immerhin mit 25 000 Mark angeboten und vermutlich für noch mehr verkauft. Auch Jens Förster, der ein Spezialantiquariat für Insel-Bücher in Leipzig führt, konnte zur Leipziger Antiquariatsmesse 2003 ein Exemplar anbieten und für 9000 Euro verkaufen.

Helmut Jenne nun kaufte seine Barockgedichte auf einer Auktion bei Hartung & Hartung in München in einem Konvolut. Und wie er erzählt, hatte er dabei Glück. Der Auktionator musste wohl in dem Konvolut diesen Band übersehen haben. Ach ja, eine Vorgeschichte ist zu erzählen. Jenne, der den Katalog bekommen hatte, überlegte lange, ob er denn zur Auktion fahren solle oder nicht. Beinahe wäre er umgekehrt, aber dann fuhr er doch nach München. Er wusste ja zu diesem Zeitpunkt noch nichts von dem Inhalt des Konvoluts, und wegen eines Paketes Inselbücher eine Tagesreise auf sich nehmen? Doch er entschloss sich zu fahren. Hier sah er nun unter manchen anderen Seltenheiten auch die Barockgedichte. Und er traf einen angesehenen Antiquar, den er kannte, der die Kostbarkeit wohl gleichfalls entdeckt hatte. Aber man einigte sich, Jenne bekam Band 313 und der Antiquar ein paar andere Zimelien.

Doch Jenne hat nicht nur eine vollständige Sammlung der Insel-Bücherei, wie sie auch bei noch einigen wenigen Sammlern existiert, er schreibt im gedruckten Katalog der »Sammlung Jenne«, der heute schon Handbuch-Charakter hat: »Schließlich wurde ich verführt, die ganze Reihe zu sammeln, zunächst nur die Erstausgaben, ab 1992 zusätzlich die Folgeauflagen. Nach etwa 8 Jahren intensiven Sammelns der Erstauflagen und ihrer Varianten lagen davon etwa 3800 Bände vor, so wie sie im Katalog beschrieben sind ...«. Zehn Jahre später schreibt mir Jenne: »Mittlerweile sind es 12 500 verschiedene Bände, darunter ca. 4300 Erstauflagen und Varianten, mehr als 6000 Nachauflagen und Varianten, schließlich über 280 Lederbände.« Ich weiß, dass es darunter auch viele Widmungsexemplare der Autoren gibt, signierte Stücke. Und Freund Jenne kann im Insel-Zimmer seines Hauses Geschichten über Geschichten erzählen, die mit der Entdeckung unbekannter Varianten zusammenhängen, aber eben auch mit dem oft glücklichen Erwerb von einzelnen Stücken. Eine vollkommene, vollständige Sammlung, möchte man sagen. Doch der besessene Sammler findet immer wieder neue Möglichkeiten, dem Sammlungsbaum neue Äste zuwachsen zu lassen. Die Insel-Bücherei ist ja für Perfektionisten unter den Sammlern ein wahres Glück.

Nun freilich sind ein paar Sätze zu ihrer Entstehung und zur Entwicklung dieser wohl beliebtesten deutschen Buchreihe angebracht, auch wenn wir uns nicht in die Spezialgebiete verheddern wollen: Am 2. Mai 1912 erschien auf der ersten Seite des ›Börsenblatts für den Deutschen Buchhandel‹ eine Anzeige, mit der der Insel-Verlag eine neue Reihe ankündigte: »... soll den Namen Insel-Bücherei führen und freundlich ausgestattete gebundene Bändchen umfassen, die jedes fünfzig Pfennig kosten«. Stefan Zweig, ein Stammautor des Verlages, gab den entscheidenden Impuls. »Wie ich Dir schon sagte, möchte ich 30-Pfennig-Bücher des Insel-Verlages herausgeben. Nun hat Stefan Zweig, der mir sehr energisch für diese Bändchen zugeredet hat, mir mitgeteilt, wie er sich die Auswahl denkt. Würdest Du wohl auch Deinerseits sorgfältig prüfen, was Du vorschlägst? Ich will dann als Dritter meinen Senf dazu geben«, schrieb Verleger Anton Kippenberg an Alfred Walter Heymel. Zweig wollte so etwas wie literarische Flugschriften haben, und Anton Kippenberg ging nach mancherlei brieflicher Debatte auf den Kerngedanken des Vorschlags ein. Am 7. Mai 1912 schrieb er Stefan Zweig, der ›Cornet‹ von Rilke werde die Nummer 1 der Sammlung sein. Das Bändchen kostete nicht 30, sondern 50 Pfennige. Heute freilich muss man ca. zehn Euro für einen Band auf den Tisch legen.

Die Reihe wurde ein Erfolg, zwei Jahre nach dem Erscheinen des ersten Bandes betrug die Gesamtauflage schon eine Million Exemplare. Nach hundert Jahren Insel-Verlag war man bei der Nummer 1204 angekommen. Aber es gibt natürlich viel mehr Bände, denn die einzelnen Nummern wurden oft doppelt belegt. Da haben wir schon eine Besonderheit der Reihe. Vor allem in der Zeit des geteilten Deutschland gab es unterschiedliche Bände mit gleichen Nummern in Ost und West. Doch auch die Titel, die während des Dritten Reiches erschienen, wurden auf Nummern von Bänden gesetzt, die aus politischen Erwägungen nicht mehr erscheinen sollten. Nach 1945 gab es einen erneuten Austausch. Noch etwas kam dazu, um nicht von den verschiedenen Varianten der Illustrationen, des Nachworts und veränderter Auswahl zu reden, die Bezugspapiere blieben nicht gleich, da über Jahrzehnte hinweg für bestimmte Titel die Papiere nicht mehr greifbar waren. Also gab es etwa für den Band IB 363 Goethe ›Hermann und Dorothea‹ vier verschiedene Bezugspapiere.

Helmut Jenne sammelt dies alles mit großer Akribie. Ein großer Raum im ersten Stock seines Hauses fasst die Sammlung. Verblüffend ist freilich, dass dieser Sammler erst Mitte der achtziger Jahre begonnen hat. Das zeigt, dass große Büchersammlungen durchaus heute noch entstehen können, vorausgesetzt, man hat Kenntnisse, Zeit und Geld. Ich selbst sammle seit gut vier Jahrzehnten, aber natürlich kann ich mich nicht mit ihm messen. Ich bin freilich kein Mensch, der Wert auf jede Variante legt. Mir reichen alle Bände, die unterschiedliche Autoren oder Illustratoren haben, und da bin ich mittlerweile bei gut zweitausend angekommen. Es fehlen unter einem solchen Sammlungsgedanken immerhin noch 40 Bände. Einige der gesuchten Stücke werde ich wohl nie bekommen. Es gibt heute mehrere Antiquariate, die sich auf Insel spezialisiert haben, es gibt ›Mitteilungen für Freunde der Insel-Bücherei‹ (bisher 22 Bände), die ebenfalls gesammelt werden. Es gibt Bände mit Bauchbinden und Sonderausgaben, Exemplare in Leder und simple Broschuren der Kriegszeit. Jenne hat diese Spezialausgaben alle in seinem großen Katalog versammelt, und auch ein anderer Sammler, der Mathematiker Herbert Kästner in Leipzig, hat hervorragende bibliographische Arbeit geleistet. Wer sich also in diesem Feld bewegt, kommt ohne Jenne und Kästner nicht aus. Und es gibt immer wieder junge Sammler, die irgendwo auf einem Wühltisch ein Insel-Bändchen in die Hand nehmen und mit dem Sammeln beginnen. In Stuttgart lebt eine engagierte Insel-Sammlerin, sie sammelt nur die Bildbände der Reihe, eine kluge Beschränkung. Andere wiederum sammeln einzelne Autoren mit den in dieser Reihe publizierten Bänden. Die Feldpost- und Frontbuchhandlungsausgaben haben ihre Spezialsammler gefunden, und die edlen Lederbände auch, die noch immer mit einem oder zwei Bänden jährlich fortgesetzt werden. Es hat nicht an Nachfolgern gefehlt. Manche Verlage haben den Versuch unternommen, sehr direkt an die Insel-Bücherei anzuknüpfen oder eben nur in einzelnen Reihenelementen, aber diese Versuche sind allesamt irgendwann eingestellt worden. Auch in der fast hundertjährigen Existenz der Insel-Bücherei gab es gute und schlechte Zeiten. Man kann dies alles an dem Erscheinen der Bände verfolgen, und vielleicht das Beste: Man besichtigt dabei ein Jahrhundert der Literaturgeschichte und der deutschen Buchkunst.

## *Das Handwerkszeug des Sammlers*

Der Briefmarkensammler besitzt den Michel oder den Zumstein, das sind die gängigen Kataloge für den europäischen Raum, dazu natürlich die Spezialkataloge und Werke. Wer Altdeutschland sammelt, wird auf das Spezialwerk von Müller-Mark ›Altdeutschland unter der Lupe‹ nicht verzichten können. Und der Sammler der Sachsenmarken braucht Horst Mildes Forschungsarbeiten ›Die alte Sachsenpost‹ und vom gleichen Verfasser das ›Sachsen-Brevier‹. Ich weiß, wovon ich rede, denn etliche Jahrzehnte habe ich selbst Briefmarken gesammelt, inspiriert in diesem Falle von der berühmten »Sachsen-Dreier«, die beileibe nicht die teuerste altdeutsche Marke ist, aber wohl die bekannteste.

Dem Büchersammler geht es ähnlich: Es gibt so etwas wie eine Initialzündung. Man sieht ein Buch, und schon ist man verloren. Als ich die ersten Bände aus dem Malik-Verlag in die Hand bekam, wusste ich, dass mir da ein neues Sammelgebiet drohte samt all den Nebensachen, die man eben braucht. Sammlung heißt ja auch Ordnung, wobei sich diese Ordnung optisch durchaus sehr verschieden darstellen kann. In meines Vaters Haus sind viele Wohnungen, heißt es in der Bibel, und in jeder Wohnung sieht es anders aus. Freilich, es gibt Sammler, die grasen auf allen Wiesen, schöne Stücke aus aller Welt, Lieblingsbücher von hier und dort, ein paar Bände aus der »Bibliothèque de la Pléiade« von Gallimard in Paris, die wohl die schönsten Dichter-Alben bietet. Die Bücher, allesamt in feines Leder gebunden und im Schuber, sind freilich nicht gerade billig; französische Bücher sind generell teurer als deutsche Produktionen. Nichts ist gegen Sammler zu sagen, die so durch die Bücherwelt wandern, aber auch sie werden »Wegschilder und Mauerinschriften« brauchen (wie übrigens der erste Gedichtband von Günter Kunert heißt, ein seltenes Buch). Ohne Handwerkszeug geht es nicht. Versuchen wir mal, in diesen Lebensraum des Sammlers ein wenig Systematik zu bringen. Zuerst sind da die allgemeinen Lexika. Ob jemand die ›Encyclopædia Britannica‹ besitzen will, das muss er selbst entscheiden. Arno Schmidt hielt sie für das beste Universallexikon. In meinen Regalen stehen vier oder fünf Lexika, Führer durch das 20. Jahrhundert. Da sind die einundzwanzig Bände des ›Großen Brockhaus‹ von 1928 bis 1935. Wer davon den letzten Band in die Hand nimmt, der merkt schon, dass sich die Zeiten geändert haben. Denn alles ist, wie es auf dem Titelblatt von Band einundzwanzig heißt »völlig neu bearbeitet«. Herrn Hitler werden nun zwei ganze Lexikonspalten zugestanden, dem »Führer und Reichskanzler des deutschen Volkes«. Hier schließt dann nahtlos Meyers Lexikon in seiner achten Auflage an, die 1936 mit Band eins beginnt und leider nicht mehr zu Ende kommt, denn mit Band neun aus dem Jahre 1942 ist das Großdeutsche Reich schon fast am Ende. Das vorletzte Stichwort des Bandes ist »Sowjetunion«, und die war wohl auch einer der wesentlichen Gründe, dass dieses Lexikon Fragment blieb. Das Land aber, das sich nun schon Großdeutsches Reich nannte, wurde immer kleiner und ging in den Zusammenbruch. Dann kam ich erst 1961 wieder zu einem größeren Lexikon ›Meyers Neues Lexikon‹ in acht Bänden, in der DDR erschienen. Arno Schmidt, der Lexikon-Liebhaber, meint dazu: »Nicht, dass ich die oft bestialische Vernageltheit seiner Urteile über Kunst teile; aber die

Daten sind vorbildlich genau, und das Material über den ›Ostblock‹ durchaus unverächtlich …« Schließlich widerfuhr es mir auf meiner Lebensreise noch einmal, dass eine Welt zu Ende ging und ein Lexikon sich gründlich korrigieren musste. Das ›Universallexikon‹ des Bibliographischen Instituts aus Leipzig zeigte in seinen ersten drei Bänden, die 1988/89 erschienen, noch die ziemlich heile lexikalische Welt der DDR, aber in Band vier aus dem Jahre 1990 heißt es dann: »Die Umwälzungen der jüngsten Zeit machten indes starke Eingriffe in den Text erforderlich. Dennoch kann dieser vierte Band neueste Entwicklungen nur zum Teil erfassen, weil sich die Dinge noch im Fluss befinden …« Ja, die Dinge befanden sich im Fluss, Band fünf bietet deshalb eine ähnliche Mitteilung. Und »Stoph, Willi«, einstmals zweiter Mann der DDR, hat nur noch zehn Lexikonzeilen und ein bitteres Ende: »Gegen ihn wurde ein Ermittlungsverfahren eingeleitet.« Ach ja, es gibt noch ein paar kleine lexikalische Kinder, den ›Volks-Brockhaus‹ von 1933 in einem Band, das meistgebrauchte Lexikon meiner Kindheit, und einen weiteren Einbänder aus tiefer stalinistischer Zeit, Stalin ist hier »der geniale Fortsetzer des Marxismus-Leninismus«, der Generalissimus, aber es sollte nur noch kurze Zeit dauern, dann war er das nicht mehr. So endet mein lexikalisches 20. Jahrhundert. In den neunziger Jahren habe ich mir für den Schreibtisch ein kleines zehnbändiges Duden-Lexikon zugelegt. Das reicht für einen knappen Zugriff auf Fakten und Daten. Denn als Büchersammler bin ich mit etlichen Speziallexika ausgestattet: Büchersammler Kersten nennt bei Gelegenheit ein paar »Monumente«, die er sich zugelegt hat. Davon steht die Sophien-Ausgabe der sämtlichen Werke Goethes in hundertdreiundvierzig Bänden ebenso in meinen Regalen wie ›Grimms Wörterbuch‹. Die Allgemeine Deutsche Biographie, ADB, wie das voluminöse Werk unter

Sammlern heißt – immerhin sind es zweiundfünfzig Bände, und Antiquar Wiedenroth hat es auch in seinem Arbeitsraum stehen–, ich besitze es leider bisher nicht. Aber brauche ich die ADB? Ich habe Walther Killys ›Deutsche Biographische Enzyklopädie‹ in zehn Bänden, die mir Verleger-Freund Klaus Saur zukommen ließ und, ebenfalls von Killy, das fünfzehnbändige Literaturlexikon. Da finde ich auch die entlegensten deutschen Biografien. Freilich, für die Weltliteratur fehlt mir so etwas Ausuferndes: Drei Bände eines ›Lexikons fremdsprachiger Schriftsteller‹ aus der DDR-Zeit, der »Lennartz« zum gleichen Thema, da habe ich also noch Bedarf. Dann gibt es einige Dutzend Speziallexika, ein Lexikon der Kriminalliteratur, ein Lexikon der Klaviermusik und ein Lexikon der Zitate. Auf zwei Lieblingswerke will ich hier noch verweisen, es sind ›Der Kleine Pauly‹, der freilich ein großer Pauly ist, denn das Lexikon der Antike fasst alles, was man über die Antike wissen möchte, und noch vieles mehr. Übrigens, der ›Kleine Pauly‹ ist eine verkürzte Ausgabe der großen Pauly'schen ›Realencyclopädie der classischen Altertumswissenschaft‹, die über lange Jahrzehnte in achtzig Bänden erschien. Ebenso unersetzlich wird mir jetzt das ›Lexikon des Mittelalters‹ werden, das, wie auch der ›Kleine Pauly‹, als Taschenbuch bei dtv erschienen ist. Ich sah vor Jahren einmal die Originalausgabe bei dem Sachbuchautor Hermann Schreiber, und er lobte es in den höchsten Tönen. Aber der Preis für das Gesamtwerk in der Originalausgabe war mir doch zu hoch. Nun steht es im lexikalischen Bereich meiner Bibliothek, und ein Band liegt zumeist auf meinem Lesetisch. Das Buch ist ein Lexikon, aber wie der Grimm für mich auch ein Buch der Zufallslektüre. Man kann im Lexikon schmökern, kommt von Ambrosius zu Ambrosianischen Gesängen, findet merkwürdigerweise auch das Wort Ameise, weil Albertus Magnus die Tierchen schon beobachtet hat. Und wir werden selbst zur fleißigen Ameise, wie sie in den Sprüchen der Bibel gerühmt wird.

Lexikonlektüre ist also nicht nur eine Pflicht, sondern auch ein Vergnügen. Jeder wird da seine eigene Auswahl treffen müssen, aber verzichten kann der Büchersammler auf diese lexikalische Welt nicht. Hat er sich so einen Grundstock angelegt, so wird er seinen Sammlerinteressen entsprechend die nötigen Spezialwerke brauchen: Das sind Biografien und Bibliografien. Wer wie ich das illustrierte Buch von Werner Klemke sammelt, der muss die Bibliografie von Horst Kunze besitzen (neueste Ausgabe bei Burgart-Presse 1999). Ich weiß nicht, ob es heute noch viele Leser von Christoph Martin Wieland gibt, aber Jan Philipp Reemtsma ist einer davon, und er brachte mich auch dazu, diesen Schreiber einer eleganten, aufklärerisch inspirierten Prosa immer wieder zu lesen. Ich habe da die verschiedensten Ausgaben, die ›Sämmtlichen Werke‹ in fünfundvierzig Bänden als Reprint von Reemtsma angeregt, die ›Politischen Schriften‹ in drei Bänden und manche schöne Einzelausgabe. Und selbstverständlich die Wieland-Bibliografie von 1983. Mit besonderer Bewunderung blättere ich aber immer wieder einmal in dem dreibändigen Werk von Thomas C. Starnes, ›Christoph Martin Wieland. Leben und Werk‹, in dem der amerikanische Germanist in fast zwanzigjähriger Arbeit alles zusammengetragen hat, was Wieland betraf, Lebenszeugnisse und Zeitereignisse, Werkgeschichten und Begegnungen. Es gibt wohl nichts aus Wielands Leben und Werk, was hier nicht steht. Das ist für den Sammler und Leser ein großes Vergnügen.

Etwas Ähnliches gibt es auch für Goethe: ›Goethes Leben von Tag zu Tag‹ (Zürich 1982–96). Ich beschränke mich freilich auf die jüngste Goethe-Chronik und einige Dutzend Bände Sekundärliteratur. Zur Ergänzung der großen Großherzogin-Sophien-Ausgabe die drei Bände mit den Nachträgen und dem Register von Paul Raabe, den schönen Band über die Bildnisse Goethes – und eines davon, der letzte Stahlstich von Schwerdgeburth aus dem Jahr 1832, hängt ebenso an meiner Bilderwand wie jener Einzelblattdruck mit der handschriftlichen Signatur Goethes, von welchem ich schon erzählt habe. Auch die hübsche Landkarte von Goethes Lebensreise (bei Heimeran erschienen) ist vorhanden. Und der kostbare Band von Hans Wahl mit den wertvollen Goethe-Bildnissen, der auch einen roten Siegellackabdruck von Goethes Petschaft enthält. Es gibt von dieser Ausgabe nur zweihundert Exemplare, meines trägt die Nummer 59. Aber genug der Aufzählung, es sind Beispiele, wie sich um das Werk eines Autors die entsprechenden Ergänzungen sammeln.

Unerlässlich sind Bibliografien von Buchillustratoren und auch von Verlagen. Sie sind oft nur versteckt in Zeitschriften zu finden. Habe ich gesagt, dass wir auch ordentliche Wörterbücher brauchen? Es sei denn, wir sind Karl May, der angeblich über tausend Sprachen beherrschte. Doch in Wirklichkeit hatte er in seiner Bibliothek eine sehr geschickt ausgewählte Sammlung von fremdsprachigen Grammatiken und Wörterbüchern. Da heute im Gymnasium kaum noch Griechisch unterrichtet wird, Latein mittlerweile wieder, müssen wir uns mit Wörterbüchern begnügen, und für die wichtigen lebenden Sprachen brauchen wir den Larousse oder das Oxford-Dictionary. Und einen guten Atlas brauchen wir als Sammler auf Reisen, ebenso den Varta oder den Michelin, damit wir den geistigen Genüssen ein paar leibliche zuordnen können. Da sind wir am Ende dieser Reise durch des Büchersammlers Land angekommen, aber was heißt denn Ende? Für den Sammler gibt es kein Ende, vielleicht hat Goethe Recht: Sammler sind glückliche Menschen.

## Kleine Philosophie der Passionen

Zum Selberlesen und Verschenken – für alle, die bereits einer Leidenschaft erlegen sind oder ihre wahre Passion noch suchen

Peter Kunzmann
**Angeln**
ISBN 3-423-20685-3

Frank Lämmel
**Autofahren**
ISBN 3-423-20164-9

Heiner Geißler
**Bergsteigen**
ISBN 3-423-20039-1

Gabriele von Arnim
**Essen**
ISBN 3-423-20215-7

Binnie Kirshenbaum
**Flohmärkte**
ISBN 3-423-20610-1

Barbara Bronnen
**Friedhöfe**
ISBN 3-423-20096-0

Johannes Dräxler, Harald Braun
**Fußball**
ISBN 3-423-20162-2

Peter Würth
**Gärtnern**
ISBN 3-423-20036-7

C. Bernd Sucher
**Gäste**
ISBN 3-423-20097-9

Stefan Maiwald
**Golf**
ISBN 3-423-20711-6
**Schmuckausgabe**
ISBN 3-423-20712-4

Bernd Schroeder
**Handwerken**
ISBN 3-423-20267-X

Elfriede Hammerl
**Hunde**
ISBN 3-423-20037-5

Florian Felix Weyh
**Internet**
ISBN 3-423-20454-0

Renate Just
**Katzen**
ISBN 3-423-20095-2

Willi Winkler
**Kino**
ISBN 3-423-20486-9

Ulrich Pramann
**Laufen**
ISBN 3-423-34184-X

Burkhard Spinnen
**Modelleisenbahn**
ISBN 3-423-20217-3

## Kleine Philosophie der Passionen

Zum Selberlesen und Verschenken – für alle, die bereits einer Leidenschaft erlegen sind oder ihre wahre Passion noch suchen

Moritz Holfelder
**Motorrad fahren**
ISBN 3-423-20363-3

Stephan Lebert, Harry Nutt
**Pferderennen**
ISBN 3-423-20418-4

Hans Helmut Hillrichs
**Pilze sammeln**
ISBN 3-423-20365-X

Roswin Finkenzeller
**Schach**
ISBN 3-423-20218-1

Sky Nonhoff
**Schallplatten**
ISBN 3-423-20417-6

Rainer Moritz
**Schlager**
ISBN 3-423-20362-5

Sylvia Bieker
Christine Ellinghaus
**Schuhe**
ISBN 3-423-20320-X

Karl Forster
**Segeln**
ISBN 3-423-20038-3

Christian Weber
**Ski fahren**
ISBN 3-423-20579-2

Christian Ude
**Stadtradeln**
ISBN 3-423-20364-1

Franz Josef Görtz
**Telefonieren**
ISBN 3-423-20319-6

Dieter Hildebrandt
**Tennis**
ISBN 3-423-20264-5

Margaret Minker
**Umziehen, umräumen, umbauen**
ISBN 3-423-20099-5

Arnulf Conradi
**Vögel**
ISBN 3-423-20098-7

Thomas Karlauf
**Wein**
ISBN 3-423-20216-5